Heinz Bude

Gesellschaft der Angst

Hamburger Edition

Hamburger Edition HIS Verlagsges. mbH
Mittelweg 36
20148 Hamburg
www.hamburger-edition.de
Verlag des Hamburger Instituts für Sozialforschung

© 2014 by Hamburger Edition

Umschlaggestaltung: Wilfried Gandras
Typografie und Herstellung: Jan und Elke Enns
Satz aus der Garamond-Stempel der Fa. Berthold
von Dörlemann Satz, Lemförde
Druck und Bindung: CPI – Clausen & Bosse, Leck
Printed in Germany
ISBN 978-3-86854-284-4
2. Auflage Oktober 2014

Inhalt

Vorbemerkung 9

Angst als Prinzip 11

Die Sehnsucht nach einer unkündbaren Beziehung 28

Das Unbehagen mit dem eigenen Typ 39

Wenn die Gewinner alles nehmen 49

Die Statuspanik in der gesellschaftlichen Mitte 60

Alltägliche Kämpfe auf der unteren Etage 83

Das brüchige Ich 91

Niemandsherrschaft 101

Emotionsmacht 120

Die Angst der Anderen 134

Die Verhaltenslehren der Generationen 144

Bibliografie 159

Danksagung 168

I will show you fear in a handful of dust.

T. S. Eliot

Vorbemerkung

Wer eine gesellschaftliche Situation verstehen will, muss die Erfahrungen der Menschen zum Sprechen bringen. Die Öffentlichkeit wird heute mit vielfältigen Daten über Armutsrisikoquoten, über das Abschmelzen der gesellschaftlichen Mitte, über die Zunahme von depressiven Verstimmungen oder über den Rückgang der Wahlbeteiligung bei Erstwählern unterrichtet. Aber was diese Befunde bedeuten und womit sie zusammenhängen, bleibt im Unklaren.

Dass sich hier Veränderungen im Passungsverhältnis von sozialen Strukturen und individuellen Einstellungen ankündigen, steht außer Frage. Kognitionspsychologie, Verhaltensökonomie und Hirnphysiologie beschäftigen sich deshalb mit der Blackbox des Ichs, das Vermittlungsleistungen ohne traditionelle Vorbilder und konventionelle Modelle zu erbringen hat. Die sich auf entsprechende Forschungsergebnisse berufende Beratungsliteratur wirbt mit geistigen Aktivierungsprogrammen wie mit körperlichen Beruhigungsübungen.

Die Soziologie kann hier dann ihre Karte spielen, wenn sie sich als Erfahrungswissenschaft ernst nimmt. Erfahrung ist die Evidenzquelle der empirischen Wissenschaft wie der persönlichen Lebenspraxis. Sie äußert sich in Diskursen und beruht auf Konstruktionen. Aber der Bezugspunkt für die Analyse von Blogeinträgen, Zeitungsartikeln, medizinischen Verlautbarungen oder demoskopischen Berichterstattungen müssen die Erfahrungen sein, die darin zum Ausdruck kommen.

Ein wichtiger Erfahrungsbegriff der heutigen Gesellschaft ist der Begriff der Angst. Angst ist hier ein Begriff für das, was die Leute empfinden, was ihnen wichtig ist, worauf sie hoffen und woran sie verzweifeln. In Begriffen der Angst wird deutlich, wohin die Gesellschaft sich entwickelt, woran Konflikte sich entzünden, wann sich bestimmte Gruppen innerlich verabschieden und wie sich mit einem Mal Endzeitstimmungen oder Verbitterungsgefühle ausbreiten. Angst zeigt uns, was mit uns los ist. Die Soziologie, die ihre Gesellschaft verstehen will, muss heute die Gesellschaft der Angst in den Blick nehmen.

Angst als Prinzip

In modernen Gesellschaften ist Angst ein Thema, das alle angeht. Angst kennt keine sozialen Grenzen: Der Hochfrequenzhändler vor dem Bildschirm gerät genauso in Angstzustände wie der Paketzusteller auf der Rücktour zur Sammelstelle; die Anästhesistin beim Abholen ihrer Kinder aus dem Kindergarten genauso wie das Model beim Blick in den Spiegel. Auch von der Sache her sind die Ängste zahllos: Schulängste, Höhenängste, Verarmungsängste, Herzängste, Terrorängste, Abstiegsängste, Bindungsängste, Inflationsängste. Schließlich kann man in jede Richtung der Zeit Ängste entwickeln: Man kann Ängste vor der Zukunft haben, weil bisher alles so gut geklappt hat; man kann jetzt im Moment Angst vor dem nächsten Schritt haben, weil die Entscheidung für die eine immer auch eine Entscheidung gegen eine andere Variante darstellt; man kann sogar Angst vor der Vergangenheit haben, weil etwas von einem herauskommen könnte, worüber längst Gras gewachsen ist.

Niklas Luhmann, der in seiner Systemtheorie der funktionalen Äquivalente eigentlich immer für alles noch einen Ausweg sieht, erkennt in der Angst das vielleicht einzige Apriori moderner Gesellschaften, auf das sich alle Gesellschaftsmitglieder einigen können. Sie ist das Prinzip, das absolut gilt, wenn alle Prinzipien relativ geworden sind.[1] Über Angst kann die Muslima mit der Säkularistin, der

---

1 Luhmann, Ökologische Kommunikation, S. 158.

liberale Zyniker mit dem verzweifelten Menschenrechtler reden.

Man kann aber niemanden davon überzeugen, dass seine Ängste unbegründet sind. Ängste lassen sich in Unterhaltungen darüber höchstens binden und zerstreuen. Voraussetzung dafür ist freilich, dass man die Ängste seines Gegenübers akzeptiert und nicht bestreitet. Man kennt das aus der therapeutischen Situation: Die Erkenntnis der eigenen Angstanteile kann einen offener und beweglicher machen, sodass man nicht gleich mit Abwehr und Zurückweisung reagieren muss, wenn irgendwo Angst im Spiel ist.

Trotz ihrer offensichtlichen Diffusität sagen die Ängste, die im Augenblick in der Öffentlichkeit Thema sind, etwas über eine bestimmte sozialhistorische Situation aus. Die Gesellschaftsmitglieder verständigen sich in Begriffen der Angst über den Zustand ihres Zusammenlebens: Wer weiterkommt und wer zurückbleibt; wo es bricht und wo sich schwarze Löcher auftun; was unweigerlich vergeht und was vielleicht doch noch bleibt. In Begriffen der Angst fühlt sich die Gesellschaft selbst den Puls.

So hat Theodor Geiger in seinem 1932, am Vorabend des Nationalsozialismus, erschienenen Klassiker der Sozialstrukturanalyse »Die soziale Schichtung der deutschen Volkes« eine von Verdrängungsängsten, Geltungsverlusten und Verteidigungszuständen beherrschte Gesellschaft beschrieben. Es kommen die Typen der Zeit vor: die kleinen Geschäftsleute mit ihrem brennenden Hass auf die sozialdemokratisch organisierten Konsumvereine, die durch kleinsten Bodenbesitz eigenbrötlerisch und infolge der häuslichen Vereinzelung sonderbar gewordenen Heimarbeiter mit ihrer Neigung zu rabiatem Rebellentum sowie die von Rationalisierung bedrohten und von feschen Männern träumenden jungen Büroangestellten mit Bubikopf; aber auch die Bergarbeiter, die ihre Selbstwertgefühle aus der Heroisierung der Berufsgefahr schöpfen und in ihrem gewerkschaftlichen Kollektivinteresse weniger großorganisatorisch-klassenbewusster als kameradschaftlich-zünftiger Art sind, oder die kleinen Beamten, die ihr bisschen Machtanteil umso eifersüchtiger hüten und umso eifriger zur Schau stellen, je gedrückter ihre Stellung nach Besoldungsrang und innerdienstlicher Funktion ist, sowie die Armee der jungen Akademiker, die den Kursverfall ihrer Bildung, die Auflösung ihres Standes und die Verschlossenheit der Berufswelt für sich erleben; und schließlich die verschiedenen Figuren aus der kapitalistischen Schicht, die sich wechselseitig nicht grün sind: die ostelbischen Großagrarier, denen der dem Kapitalismus innewohnende Gedanke der Weltwirtschaft gar nicht mundgerecht ist, die Kapitalrentner, die überall ihre Hände im Spiel haben und die keiner zurechenbaren sozialen Herkunft verpflichtet sind, die Industriekapitäne, die durch die relative Immobilität ihrer Anlage seit mehreren Generationen an einen bestimmten Industriestandort gebunden sind, sowie die findigen Großkaufleute, die in Kaufhausketten die städtische Bevölkerung modisch ausstaffieren und mit überseeischen Delikatessen versorgen; und nicht zu vergessen die von der Weltwirtschaftskrise verstörten, eine irreguläre Klasse bildenden Erwerbslosen, die nichts zu verlieren haben und denen darum nichts des Bestandes wert zu sein scheint.

Sie alle vereint im Gesellschaftsbild, das Geiger mit lockerer Hand, aber lebendiger Genauigkeit zeichnet, ein Gefühl der Überlebtheit der Ordnung, aus der sie stammen. Die aus vielfachen Umschichtungen von Arbeiterexistenzen oder, seinerzeit, aus dem Kreis der Gebildeten hervorgehende Welt der Angestellten, der ans Eigentumsdenken sich klammernde »alte Mittelstand« und die in die verschiedensten Interessentenhaufen zerfallende Bürgerlichkeit der Mitte – sie alle finden weder für sich noch fürs Ganze eine soziale und politische Ausdrucksgestalt, mit der sie sich identifizieren könnten. Die Sozialdemokratie wirkt in ihren Bärten erstarrt und in überholungsbedürftigem Gedankengut gefangen, das Zentrum erscheint zwar inklusiver und umfassender, muss dazu aber eine thomistisch-katholische Gesellschaftsphilosophie hochhalten, und die wirtschafts- oder nationalliberalen Parteien schwanken genauso wie die sozialen Schichten und Milieus, die nach Halt in der Verwirrung suchen. Wer in einer solchen Situation die Ängste, überrollt zu werden, das Nachsehen zu haben und sich am Rand wiederzufinden, aufzunehmen, zu bündeln und auf ein neues Objekt auszurichten vermag, der kann eine Mobilisierung der Gesellschaft insgesamt in Gang setzen. Theodor Geiger sieht ein Jahr vor dem Machtwechsel zu Hitler die avantgardistische Bedeutung einer jungen Generation, die aus der Geschichte aussteigt und sich als Trägerin eines nationalen Aktivismus inszeniert und so die rumorende Angst zum Motor einer neuen Zeit macht. Heute wissen wir, dass aus diesen Reihen die Weltanschauungsavantgardisten des totalitären Zeitalters stammten, die bis in die 1970er Jahre der Nachkriegszeit nicht nur in Deutschland als Steuerungselite der Industriegesellschaft tätig waren.[2]

---

2 Wildt, Generation des Unbedingten.

Es war der bis heute als Staatsmann bewunderte Franklin D. Roosevelt, der das Thema der Angst und die Strategie der Angstabsorption auf die politische Agenda des zwanzigsten Jahrhunderts gesetzt hat. In seiner Antrittsrede als 32. Präsident der Vereinigten Staaten von Amerika fand er am 3. März 1933 nach den schrecklichen Jahren der »Großen Depression« die Worte, die eine neue Politik begründen sollten: »The only thing we have to fear is fear itself.«[3]

Freie Menschen sollen keine Angst vor der Angst haben, weil das ihre Selbstbestimmung kosten kann. Wer von Angst getrieben ist, vermeidet das Unangenehme, verleugnet das Wirkliche und verpasst das Mögliche. Angst macht die Menschen abhängig von Verführern, Betreuern und Spielern. Angst führt zur Tyrannei der Mehrheit, weil alle mit den Wölfen heulen, sie ermöglicht das Spiel mit der schweigenden Masse, weil niemand seine Stimme erhebt, und sie kann panische Verwirrung der gesamten Gesellschaft mit sich bringen, wenn der Funke überspringt. Deshalb, so sollte man Roosevelt verstehen, ist es die erste und vornehmste Aufgabe staatlicher Politik, den Bürgern die Angst zu nehmen.

Man kann die gesamte Entwicklung des Wohlfahrtsstaats in der zweiten Hälfte des zwanzigsten Jahrhunderts als Antwort auf Roosevelts Aufforderung begreifen: Die Beseitigung der Angst vor Arbeitsunfähigkeit, Arbeitslosigkeit und Altersarmut soll den Hintergrund für eine selbstbewusste Bürgerschaft auch und gerade der abhängig Beschäftigten bilden, damit sie sich in Freiheit selbst organisieren, um ihren Interessen Ausdruck zu verschaffen, damit sie sich die

---

3 Franklin D. Roosevelt, »Inaugural Address, March 4, 1933«, S. 11–16.

Freiheit nehmen, ihr Leben nach selbst gewählten Prinzipien und Präferenzen zu führen, und damit sie im Zweifelsfall im Bewusstsein ihrer Freiheit den Mächtigen die Stirn bieten. Mit Franz Xaver Kaufmann könnte man sagen: Mit der Politik der Angst entsteht »Sicherheit als soziologisches und sozialpolitisches Problem«.[4]

Wer abstürzt, soll aufgefangen werden, wer nicht mehr weiterweiß, soll beraten und unterstützt werden, wer von Hause aus benachteiligt ist, soll einen Ausgleich erfahren. Deshalb schreibt sich der Wohlfahrtsstaat von heute die Qualifikation von Niedrigqualifizierten, die Beratung von überschuldeten Personen und Haushalten und die kompensatorische Erziehung von Kindern aus unterprivilegierten Familien auf die Fahnen. Es geht nämlich nicht allein um die Bekämpfung von Armut, sozialer Ausgrenzung und systematischer gesellschaftlicher Benachteiligung, sondern um die Bekämpfung der Angst davor, ausrangiert, entrechtet und diskriminiert zu werden.

Damit kommt ein bestimmter reflexiver Effekt ins Spiel. Durch die Bezugnahme auf Angst als Prinzip liefert sich der Wohlfahrtsstaat mit seinen Sicherungs-, Befähigungs- und Ausgleichsmaßnahmen der Welt der Affekte aus. Können die Sozialversicherung, die zu Jobcentern umgebauten Arbeitsämter und die Qualitätssicherungsagenturen für alles Mögliche die Angst vor der Angst bannen? Für Roosevelt war der Umgang mit der Angst der entscheidende Maßstab für das öffentliche Glück und den sozialen Zusammenhalt. Auf dem Wahlkampf, der ihn zu seinem

---

4 Kaufmann, Sicherheit als soziologisches und sozialpolitisches Problem.

ersten Sieg führte, hatte er kundgetan, dass er Tausenden von Amerikanern ins Gesicht geschaut und gesehen habe: »They have the frightened look of lost children.«[5]

Wie ist es mit der Angst in unserer heutigen Gesellschaft bestellt? Man lebt vergleichsweise gut in Deutschland. Aus der Weltwirtschaftskrise von 2008 ist das Land tatsächlich stärker herausgekommen, als es hineingeraten ist. Die Arbeitslosenzahlen sind, wie immer man diese Maßzahl beurteilt, zurückgegangen; die Wirtschaft wächst, wenngleich nicht in dem Umfang wie in den goldenen Nachkriegsjahren; der Sozialstaat funktioniert, obwohl viele Gruppen wie Familien mit vielen Kindern, alleinerziehende Frauen oder Personen mit atypischen Beschäftigungsverhältnissen nach wie vor schlecht wegkommen. Man könnte sagen, dass Angst im Unterschied zu den 1930er Jahren damit zu einer persönlichen und privaten Angelegenheit wird, die sich sozialer Beschreibung und somit öffentlicher Befassung entzieht.

Es sei jedoch daran erinnert, dass die Wohlfahrtstaatsentwicklung in der zweiten Hälfte des zwanzigsten Jahrhunderts eingefasst war in ein nie dagewesenes Integrationsversprechen moderner Gesellschaften: Jede Person, die sich anstrengt, in die eigene Bildung investiert und ein gewisses Leistungsvermögen an den Tag legt, kann einen ihr gemäßen Platz in der Gesellschaft finden. Die soziale Platzierung ist nicht länger durch Herkunft, Hautfarbe, Region oder Geschlecht vorherbestimmt, sondern kann durch Wil-

---

5 Roosevelt in einem Gespräch mit der Journalistin Anne O'Hare McCormick von der *New York Times*; McCormick, »The two men at the big moment«, SM 1f.

len, Energie und Einsatz im Sinne der eigenen Wünsche und Vorstellungen beeinflusst werden. Der Umstand, dass bei den meisten der Zufall eine viel größere Rolle spielte als die Ziele und Absichten, war deshalb hinnehmbar, weil man trotz allem auf einer Position landete, die man im Nachhinein als erworben und verdient ansehen konnte.

Wer glaubt eigentlich heute noch daran? Natürlich leben wir in einer modernen Gesellschaft, in der nicht zugeschriebene, sondern erworbene Positionen zählen. Die Tatbestände der persistenten sozialen Ungleichheit, die von der Sozialstrukturanalyse ein ums andere Mal bekräftig werden, ändern nichts an diesem Prinzip. Die allermeisten jungen Leute, die sich davon überzeugt zeigen, dass wir uns in einer pyramidenförmigen Klassengesellschaft befinden, in der Übergänge von einer unteren in eine höhere soziale Lage unwahrscheinlich sind, gehen für sich selbst ganz sicher davon aus, dass sie ein Leben nach eigener Fasson führen können.[6]

Trotzdem halten sich die Vorstellungen einer »Generation Praktikum«, die sich trotz bester Zertifikate aller Art für kleines Geld verdingen muss, um dann irgendwann einmal ein interessantes Angebot zu erhalten. Danach ist es nicht so schwer, durchzukommen und sich in Position zu bringen, aber sehr viel schwieriger als für die um 1965 geborene Elterngeneration, eine von sukzessivem Statuserwerb gekennzeichnete Karriere zu machen. Denn man kann so viel falsch machen: Man kann die falsche Grundschule, die falsche wei-

---

6 Entsprechende Ergebnisse haben beispielsweise Umfragen im Auftrag der Zeitschrift *Brigitte* bei jungen Frauen erbracht: Allmendinger, Frauen auf dem Sprung.

terführende Schule, die falsche Universität, die falsche Fachrichtung, die falschen Auslandsaufenthalte, die falschen Netzwerke, den falschen Partner und den falschen Ort wählen. Das würde bedeuten, dass auf jedem dieser Durchgangspunkte ein Auslesewettbewerb stattfindet, bei dem manche weiterkommen und viele auf der Strecke bleiben. Das geht früh los und nimmt anscheinend kein Ende. Man braucht schon die richtige Nase, das nötige Kooperationsgeschick, den nüchternen Beziehungssinn und ein Gefühl fürs Timing. Weil die Korridore vorne immer breiter und hinten immer enger werden, weil das soziale Kapital von Beziehungen und Kontakten für die Mehrzahl immer billiger, für eine Minderheit aber immer teurer wird, weil die Beziehungsmärkte immer homogener und deshalb immer kompetitiver werden, ist das Einzelschicksal immer mehr Ausdruck seiner guten oder schlechten Wahlen im Lebenslauf.

Man kann die Veränderung so auf den Punkt bringen, dass wir heute einen Wechsel im gesellschaftlichen Integrationsmodus vom Aufstiegsversprechen zur Exklusionsdrohung erleben.[7] Man wird nicht mehr durch eine positive, sondern nur noch durch eine negative Botschaft bei der Stange gehalten. Damit geht die Angst einher, ob der Wille reicht, die Geschicklichkeit passt und das Auftreten überzeugt. Mit den Preisen haben sich die Ängste verändert: Wenn es bei jeder Gabelung darauf ankommt, nicht bei denen zu landen, die übrig bleiben und auf eine »zweite Chance« warten, weil der Lebenslauf keine langen Linien, sondern nur noch kurze Stecken vorsieht, dann ist die Angst tatsächlich,

---

7 Zur Konzeption einer quer durch das gesellschaftliche Statussystem verlaufenden sozialen Exklusion siehe Bude, Die Ausgeschlossenen.

wie es bei Kierkegaard heißt, »die Wirklichkeit der Freiheit als Möglichkeit vor der Möglichkeit«[8] geworden.

Die Angst kommt daher, dass alles offen, aber nichts ohne Bedeutung ist. Man glaubt, in jedem Moment mit seinem ganzen Leben zur Disposition zu stehen. Man kann Umwege machen, Pausen einlegen und Schwerpunkte verschieben; aber das muss einen Sinn machen und zur Vervollkommnung des Lebenszwecks beitragen. Die Angst, einfach so dahinzuleben, ist schwer ertragbar. Angststress ist Sinnstress, von dem einen kein Staat und keine Gesellschaft erlösen kann.

Die auf Erkenntnisse der Kognitionspsychologie, der Evolutionstheorie und der Gehirnphysiologie sich stützenden Ratgeber über Verfügbarkeit, Emotion und Risiko finden erstaunlichen Absatz. Die Botschaft lautet jedes Mal: Man muss Optionen wahren, in Szenarien denken und »günstige Gelegenheiten« ergreifen. Man sollte sich vor Selbstüberschätzung hüten und zugleich Entscheidungsschwäche überwinden. Und insgesamt soll einem die Lehre von einer Zweiteilung des Geistes die Angst vor der Angst nehmen. Es gibt ein intuitives System, das für das schnelle Denken zuständig ist, und ein kontrollierendes, das langsam, sukzessive und hierarchisch arbeitet. Im organischen Wechsel zwischen beiden hält man sich in einem unübersichtlichen Leben mit ungewissen Ausgängen fit und flexibel.[9]

Denn wer stehen bleibt, sich nicht weiterbildet und sich keinen Ausgleich schafft, wird schnell zum Versorgungs-

---

8 Kierkegaard, Der Begriff der Angst, S. 36.
9 So die Botschaft eines von einem Nobelpreisträger für Ökonomie verfassten Weltbestsellers: Kahnemann, Schnelles Denken.

fall. Wenn man am Ende sogar, wie die einschlägige thanatologische Literatur versichert, gut oder schlecht sterben kann,[10] wird die Angst vor der Angst zum verborgenen Motiv der populären Lehren des »guten Lebens«. So hört die Exklusionsdrohung, so freundlich sie auch nahegebracht wird und so weise sie auch klingt, nie auf.

Das ist nicht die von Roosevelt in den 1930er Jahren geschaute Angst von »verlorenen Kindern«, die auf die Schutzmacht des Staates hoffen und sich einem »guten Hirten« anvertrauen, vielmehr diejenige gewiefter »Egotaktiker«[11], die dem Staat misstrauen und sich übers politische Personal, das sich nicht anders als sie selbst verhält, mokieren. Es handelt sich eben nicht um die Angst, als Gruppe oder Kollektiv gedemütigt und vergessen zu werden, sondern als Einzelne auszurutschen, das Gleichgewicht zu verlieren und im freien Fall ohne den Schirm eines haltenden Milieus oder einer traditionellen »Verliererkultur«[12] abzustürzen und im sozialen Nichts zu verschwinden.

---

10 Von Elisabeth Kübler-Ross, Interviews mit Sterbenden (amerikanisch zuerst 1969), werden fünf Phasen des Sterbens unterschieden: *denial* (Leugnung), *anger* (Zorn), *bargaining* (Verhandeln), *depression* (Schwermut) und schließlich *acceptance* (Hinnahme), die man als »produktive« Strategien zur Bewältigung einer extrem belastenden Situation verstehen soll.
11 Diese Bezeichnung wurde 2002 von Klaus Hurrelmann in der 14. Shell-Jugendstudie eingeführt, um die damalige Generation der 12–15-Jährigen als Generation zu charakterisieren, die sich so sicherheits- und leistungsorientiert wie ihre Eltern gibt und sich jedoch von den großen politischen Themen weitgehend unberührt zeigt.
12 So bildeten im wilhelminischen Deutschen Kaiserreich die katholische Kirche und die Sozialdemokratie haltende Verliererkulturen,

Dazu passt die in den Nullerjahren unseres Jahrhunderts aufkommende Universalisierung des Attributs des Prekären.[13] Prekär waren plötzlich nicht nur Beschäftigungsverhältnisse jenseits des »Normalarbeitsverhältnisses« lebenslanger, vollzeitiger und qualifikationsadäquater Anstellung, sondern Generationen mit unklaren Übergängen vom Bildungs- ins Beschäftigungssystem, Partnerschaften mit romantischen Liebesidealen oder Lebensgemeinschaften mit alleinerziehenden Eltern, soziale Milieus der Deklassierten und Abgehängten und der Charakter von Vergesellschaftungsprozessen überhaupt. Prekär ist eine soziale Existenz, bei der standardisierte Erwartungen auf nichtstandardisierte Wirklichkeiten treffen. Das ist heute das Normale, weshalb die Anforderungen an Rollendistanz und Ambiguitätstoleranz zunehmen. Man nimmt anscheinend viel mehr Abweichung hin als früher. Aber deshalb wird auch der Schnitt zwischen Einbeziehung und Ausschluss schärfer. Solange man seine gelebte Diversität in sexueller oder religiöser oder sittlicher Hinsicht verständlich machen kann, ist alles in Ordnung. Draußen ist man jedoch schnell, wenn der Unterschied für die Anderen keinen Unterschied an Freude, Buntheit und Kreativität macht. Die Angst vor der Angst meldet sich sofort, wenn man mit seiner wenig spektakulären Differenz ohne Resonanz und Anschluss bleibt.

---

weil sie jene, die auf versperrte Zugänge trafen und die Degradierungen zu erleiden hatten, mit der Botschaft versorgten, dass das, was ihnen als Einzelnen passierte, nicht allein ihr Problem, sondern Ausdruck einer kollektiven Lebenslage war.
13 Damitz, »Prekarität. Genealogie einer Problemdiagnose«.

Hier zeigt sich eine Wandlung im Angsterlebnis, die mit einem epochalen Wechsel in der Verhaltensprogrammierung zusammenhängt. In seiner bereits 1950 erschienenen soziologischen Physiognomie der Verhaltenswelt des zwanzigsten Jahrhunderts hat David Riesman zusammen mit Reuel Denney und Nathan Glazer[14] die Wandlung des amerikanischen Charakters vom innengeleiteten Gewissens- zum außengeleiteten Kontaktmensch beschrieben. Wenn die Bevölkerung wächst, die Menschen von den ländlichen Gebieten in die städtischen Agglomerationen streben und Wissenschaft und Technik zu Produktivkräften eigener Art werden, dann braucht es ein in der einzelnen Person verankertes Programm der Verhaltenssteuerung, das sich an übergreifenden Prinzipien orientiert und dem Verhalten im Wechsel der Welten Stabilität verleiht. Riesman wählt dafür das Bild des inneren Kreiselkompasses, der die Ausrichtung in verschiedene Richtungen und zugleich die Zentrierung um ein inneres Gleichgewicht ermöglicht. Es macht naturgemäß Angst, wenn man als Auswanderer, sozialer Aufsteiger oder Raumpionier seine Verhaltensheimat verlässt, um in einer anderen und fremden Welt sein Glück zu machen; es ist Ausdruck von Mut, wenn man trotzdem an die Bereicherung seiner Anschauungen und die Festigkeit seiner Werte glaubt. In der Sprache der europäischen Tradition existieren dafür die Prunkbegriffe von Bildung und Gewissen. Der innengeleitete Charakter bemüht sich um eine Weiterung seiner Perspektiven und um die Prüfung seines Gewissens. So lässt sich die Angleichung ans Fremde mit der Vertiefung des Eigenen in Einklang bringen.

---

14 Riesman/Denney/Glazer, Die einsame Masse.

Die Angstbewältigung geschieht dann in einem gewissermaßen vertikalen Modus. Angstmachende Gefühle der Entfremdung, Enteignung und Entbettung macht der Einzelne mit sich und gegebenenfalls mit seinem Gott aus. Die bürgerliche Bekenntnisliteratur ist voll von Darstellungen verwirrender Bildungswege und quälender Gewissensprüfungen. Aber es winkt der Triumph der Ichwerdung, die das Individuum, das irgendwo herkommt und überall hinpasst, zu einer autonom handlungsfähigen, sozial zurechenbaren und mit sich selbst identischen Person macht.[15]

Aber wenn das Bevölkerungswachstum zurückgeht, das Land zur Vorstadt wird und die Eroberung der Welt auf Grenzen stößt, dann werden die zwischenmenschlichen Verflechtungen dichter und unausweichlicher, und das Ich muss in einer »zusammengeschrumpften und durcheinandergewirbelten Welt«[16] versuchen, sich auf die Anderen einzustellen und sich mit ihnen zu arrangieren. Prämiert wird dann nicht mehr die Obsession, sich selbst zu beweisen, sondern die Kompetenz, die Perspektiven anderer zu übernehmen, sich elastisch und flexibel im Wechsel der Situationen zu zeigen und Kompromisse in der Teamarbeit zu finden. Der seelische Kreiselkompass innerer Gleichgewichtsbildung wird durchs soziale Radargerät der Registrierung der Signale anderer ersetzt. Das Ich wird zum Ich

---

15 In der deutschsprachigen Literatur ist der Bildungsroman im Anschluss an Goethes »Wilhelm Meister« – seine »Lehrjahre« von 1795/96 und seine »Wanderjahre« von 1821 und 1829 die Gattung dieser Form von Selbstsozialisation.
16 Riesman/Denney/Glazer, Die einsame Masse, S. 40.

der Anderen und steht dann allerdings vor dem Problem, aus den Tausenden von Spiegelungen ein Bild für sich selbst zu gewinnen.

Es geht hier nicht um die Bedeutung von Anerkennung und Zuneigung durch den Mitmenschen, die zur sozialen Natur des Ichs gehört. Den außengeleiteten Charakter kennzeichnet vielmehr eine gesteigerte Kontaktsensibilität, die die Erwartungen und Wünsche der Anderen zur Steuerungsquelle des eigenen Verhaltens macht. Es sind nicht die durch äußere Autoritäten zur Geltung gebrachten Formen von Sitte und Anstand und nicht die auf dem Wege konflikthafter persönlicher Bildungsprozesse verinnerlichten Normen und Werte, die das Verhalten vor allem regulieren, sondern die buchstäblich im Sekundentakt ausgehandelten Erwartungen und Erwartungserwartungen zwischen den gerade an einer Situation Beteiligten. »Role-taking«, wird dann später in der Soziologie des Symbolischen Interaktionismus gesagt, ist »role-making«.[17]

Riesman wollte mit der Unterscheidung zwischen der Innen- und der Außengeleitetheit die »außergewöhnliche Empfangs- und Folgebereitschaft«[18] des heutigen Normalmenschen deutlich machen. Dahinter verbirgt sich eine defensive und reaktive Konstitution. Der außengeleitete Charakter fühlt sich abhängig vom Urteilsspruch der Altersgenossen, er verbündet sich mit den modischen Trends und herrschenden Meinungen und schweigt im Zweifelsfall lieber, als anzuecken und gegenzuhalten. Und in Augenblicken der Einsamkeit und Ermattung fühlt er sich von

---

17 Cicourel, »Basisregeln und normative Regeln«.
18 Riesman/Denney/Glazer, Die einsame Masse, S. 38.

den vermuteten Bedürfnissen und Wünschen seiner Mitmenschen unterdrückt und versklavt.

Das ist der Boden für das, was man in den Sozialwissenschaften die Empfindung »relativer Deprivation« nennt.[19] Der Vergleich mit dem Mitmenschen in ähnlicher Lage entscheidet über die eigene Stimmung in der Welt. Das können Freunde, Gleichaltrige oder Kolleginnen sein. Verluste wiegen, wie die Psychologie der Ressourcenerhaltung betont,[20] im Vergleich übrigens sehr viel schwerer als Gewinne. Was habe ich nicht, was der hat, wie stehe ich da, wenn ich die anschaue? Das kann sich am Geld, an den berühmten Statussymbolen und an der strahlenden Erscheinung festmachen. Das Ich orientiert sich an den Anderen und kommt ins Schleudern, wenn es nicht mehr glaubt, mithalten zu können. Wir sind furchtsam und vorsichtig, wenn wir uns alleingelassen fühlen, und wir werden kräftiger und zuversichtlicher in dem Maße, wie wir meinen, dass wir bei anderen ankommen und sie für uns gewinnen können.

Die Vorstellung, was die anderen von einem denken und was sie denken, was man von ihnen denkt, wird so zu einer Quelle von sozialer Angst. Es ist nicht die objektive Lage, die die einzelne Person belastet und kaputt macht, sondern das Empfinden, im Vergleich mit signifikanten Anderen den Kürzeren zu ziehen. Dem außengeleiteten Charakter fehlen die inneren Reserven, die ihn relativ immun gegenüber absurden Vergleichen und wahnwitzigen Verführungen machen könnten. Hinter dem ungezügelten Neid verbirgt sich

---

19 Die Klassiker sind hier Ted R. Gurr, Why Men Rebel, und Walter G. Runciman, Relative Deprivation and Social Justice.
20 Hobfall, »Conservation of resources«.

die tiefe Angst, nicht mithalten zu können, außen vor zu bleiben und allein als der Düpierte übrig zu bleiben.[21]

Diese Angst kann sich der außengeleitete Charakter indes nur schwer eingestehen und mit anderen teilen. So verhält sich Willy Loman aus dem »Tod eines Handlungsreisenden« von Arthur Miller, oder so verhalten sich die Frauen aus den Vororten aus Betty Friedans »Weiblichkeitswahn«. Man duckt sich mit seinen schlechten Gefühlen lieber weg, nimmt einen Bourbon zu jeder Gelegenheit, schluckt Beruhigungstabletten wie Hustenbonbons und nimmt mit seinem nie zu befriedigenden Bedürfnis nach Resonanz und Zugehörigkeit Zuflucht in der Masse. David Riesmans Buch, das wie kein anderes die soziale Kondition der Menschen des zwanzigsten Jahrhunderts erfasst hat, trägt daher den Titel »Die einsame Masse«.

Es erheben sich jetzt die Fragen, wie die Welten der Angst in der »einsamen Masse« von heute aussehen, wie sich die »schweigenden Mehrheiten« zusammensetzen, die sich bevormundet und übergangen fühlen, welchen gesellschaftlichen Entwicklungen sich die Leute ausgeliefert sehen und wo man sich völlig verlassen fühlt und natürlich wie das Ich der Angst standhalten kann und in welchen Diskursen und Ritualen es sich mit den Anderen über die gemeinsamen Ängste verständigen kann. Die Phänomenologie der Ängste veranschaulicht, in was für einer Gesellschaft wir leben.

---

21 Für Harry Stack Sullivan, The Interpersonal Theory of Psychiatry, der als einer der Ersten die Bedeutung der sozialen Erfahrung für die Entwicklung psychischer Störungen herausgearbeitet hat, stirbt jenes Selbst den sozialen Tod, das weder als »Good-me« seinen Mitmenschen genehm ist noch als »Bad-me« ihnen aufstößt, sondern als »Not-me« einfach durchfällt.

Die Sehnsucht nach einer unkündbaren Beziehung

Selbst die Liebe scheint die Angst nicht vertreiben zu können. Dabei verspricht doch die Liebe, dass man sich vor dem Anderen nicht mehr fürchten muss, weil der geliebte Partner das verletzbare Selbst auffängt und festhält. Trotzdem ist die Intimbeziehung für den außengeleiteten Charakter der schlagende Beweis seiner Vermutungen und Empfindungen über das Wesen der zwischenmenschlichen Existenz überhaupt. Die Verbindung läuft über eine Spirale reziproker Perspektivenübernahmen, die die Brücke zwischen dem Ich und seinem Du bildet. Ronald D. Laing, der das Radarsystem des außengeleiteten Charakters im Hinblick auf seine Gestörtheiten und Verrücktheiten untersucht hat, beschreibt den Prozess der interpersonellen Wahrnehmung folgendermaßen:

»Was ich denke, dass du es von mir denkst, wirkt sich auf das zurück, was ich über mich selbst denke, und was ich über mich selbst denke, beeinflusst wiederum die Art und Weise, wie ich dir gegenüber handele. Dies wiederum beeinflusst, wie du dich selbst empfindest, beeinflusst die Art und Weise, wie du gegenüber mir handelst, usw.«[1]

An diesem Zitat ist zweierlei bemerkenswert: Einerseits ist der immer dichter und direkter werdende Prozess der wechselseitigen Abtastung und Abstimmung zu erkennen,

---

1 Laing/Phillipson/Lee, Interpersonelle Wahrnehmung, S. 42.

sodass kaum mehr festzustellen ist, wer womit angefangen hat. Das Ich empfindet sich über die Kanäle der interpersonellen Wahrnehmung selbst vom Anderen her. Andererseits wird aber deutlich, dass dieser Prozess nur deshalb unendlich weitergeht, weil keiner der beiden Partner dem anderen letztlich durchsichtig und einsehbar ist. Zwischen dem Ich und dem Du bleibt trotz der Konfusion der Perspektiven eine absolute, unüberwindbare Grenze bestehen. Paradox ausgedrückt: Die Verbundenheit beruht auf der Getrenntheit.

Der Zustand der postkoitalen Tristesse ist das Erlebnis dieses Widerspruchs. Die Zigarette – oder heute vielleicht der Biss in den Apfel – danach soll über das Empfinden der Separiertheit nach der Verschmelzung hinwegtäuschen. Eben passte noch kein Blatt zwischen die Liebenden, jetzt liegt auf jeder Seite eine Fremde oder ein Fremder. Für einen Moment steht die Frage im Raum, wie das je wieder anders werden soll. Das Alleinsein scheint die erste und letzte Wahrheit des Ichs darzustellen.

Diese momentane Erkenntnis einer traurigen Existenz schlägt deshalb so sehr zu, weil in modernen Gesellschaften fast alle sozialen Beziehungen unter dem Trennungsvorbehalt stehen. Das Kündigungsrecht, das von beiden Seiten wahrgenommen werden kann, verbrieft die Freiheit, zu bleiben oder zu gehen. Arbeitsverträge, die ein halbes Leben gedauert haben, werden gekündigt, Jugendfreundschaften, die ewig halten sollten, Mitgliedschaften in Parteien, denen schon die Mutter oder der Vater angehört haben, sogar Ehen, Partnerschaften oder Lebensgemeinschaften, die vor dem Altar, auf dem Amt oder mit Worten ewiger Treue besiegelt worden sind.

Die negative Freiheit der bewussten Beendigung und der eigenwilligen Zurückweisung ist für das heutige Ich die Grundlage seiner Freiheit überhaupt. Das Ich hat im Neinsagen sein stärkstes Selbstwirksamkeitserlebnis. Milieus oder Organisationen, die das Nein des Einzelnen nicht zulassen, gelten zu Recht als freiheitsberaubend und identitätszerstörend. Erving Goffman hat Gefängnisse, Klöster und Psychiatrien »totale Institutionen« genannt,[2] die das Ich auf die Rolle des Häftlings, des Mönchs oder des Insassen reduzieren.

Aber dieses unbedingte Bestehen auf der negativen »Freiheit von« verdeckt den stillen Wunsch nach der positiven »Freiheit zu«.[3] Das ist vor allen Fragen nach dem Gemeinwesen zuerst und zumeist die Freiheit zur Bindung an einen Partner. In Zeiten des romantischen Liebesideals, in der die Liebe zwischen den Liebenden allein – und nicht die schicklichen, zweckhaften oder sonst wie naheliegenden Allianzen zwischen den Familien der Partner – den Bund fürs Leben begründen soll, ist Bindung deshalb eine so riskante Angelegenheit, weil die beiden Partner nicht voneinander wissen können, welche Frustrationstoleranzen die Liebe für den jeweils anderen beinhaltet. Wenn die Sexualüberschätzung aus dem irren Zustand der Verliebtheit nachlässt, müssen sich die Partner notgedrungen auf eine emotionale Idee langer Dauer für ihre Partnerschaft einigen. Dazu dienen für gewöhnlich Erzählungen des Kennenlernens, der Überwindung von Beziehungskrisen, von

---

2 Goffman, Asyle.
3 Das ist die berühmte Unterscheidung von Isaiah Berlin, »Zwei Freiheitsbegriffe«.

gemeinsamen Urlaubs- oder Immobilienerwerbsprojekten und vor allem die unendlichen, von Fotosammlungen gestützten Erzählungen aus der kooperativen Kinderaufzucht.

Da der Partner, auch wenn man sich keinen anderen vorstellen kann, immer der Andere bleibt, in dem ein Fremder steckt, dessen trübe Gedanken, geheime Wünsche und bizarre Fantasien einem verborgen bleiben, muss man unentwegt auf der Hut sein. Eine fixe Idee im Kopf des Anderen kann mit einem Mal alles zur Disposition stellen. Die Beziehung der Liebe beruht so gesehen auf der Angst vor der Freiheit. So wie das Ich hat das Du die Freiheit, aus nichtigem Anlass oder tiefer Enttäuschung, Nein zu sagen und sich dadurch seine Freiheit zu nehmen und den Anderen allein zu lassen. »Wir haben uns voneinander entfremdet«, lautet die ebenso hilflose wie treffende Formel der Trennung.

Auch die intime Beziehung, in der man sich einander ausgeliefert hat, in der man sich in zwischenmenschlichen Lernprozessen aufeinander eingestellt hat und in der man schließlich im gemeinsamen Leben voneinander abhängig geworden ist, ist im Prinzip kündbar. Man sagt dann, es bricht eine Welt zusammen, und meint damit, dass das Ich den Boden einer zwischenmenschlichen Selbstverständlichkeit verloren hat, die in ihrer alltäglichen Vertrautheit das Empfinden einer ontologischen Sicherheit vermittelt hat. Die Angst vor diesem unfassbaren Bruch des Bandes der Liebe ist der Grund der Beziehungsängste, die mit dem modernen Prinzip der Kündbarkeit aller Sozialbeziehungen einhergehen.

Vermutlich kennt jede Liebe eine solche Angst. Vielleicht

ist die schwebende Angst sogar Fundament und Voraussetzung einer unbedingten Liebe, die man weder zwingen noch halten kann. »How do I love thee?«, heißt es bei Elizabeth Barrett Browning in dem wohl berühmtesten, nämlich dem 43. ihrer »Sonnets from Portuguese« von 1850, und die Antwort lautet: »Let me count the ways [...] I love thee with a love I seemed to lose.« Aber die außengeleitete Seele fürchtet genau dieses Ausgeliefertsein ohne Maß und Halt. Schließlich kann der Andere, dem man sich hingibt und überlässt, einem das Leben auch zur Hölle machen. Besteht das Wagnis der Liebe tatsächlich darin, dass die Liebenden sich wechselseitig ihre »Verletzungsmächtigkeit«[4] nicht bloß zugestehen, sondern sogar erlauben? Dem empfindsamen Ich, das erkennt, wodurch es gefährdet ist, bleiben im Grunde nur zwei Möglichkeiten: Es kann von Anfang an die Bindungschancen kalkulieren oder die Bindungserwartungen multiplizieren. In beiden Fällen ist ein skeptischer Realismus das probate Mittel zur Bewältigung der Angst, allein dazustehen.

Über potenzielle Partner, die zu mir passen, kann ich mich heute mithilfe von Partnerschaftsalgorithmen informieren. Dazu werden im Netz oder von entsprechenden Agenturen Matchingmethoden, die in erster Linie auf den Faktor Bildung abheben, angeboten. Denn Bildung garantiert bei denen, die auf der Suche sind, zumindest die wechselseitige Anschlussfähigkeit in Fragen des Geschmacks, der Geselligkeit und der Lebensziele. Wer Blinky Palermo mag, passt überhaupt nicht mit jemandem zusammen, der

---

4 So der für die Analysen von Gewaltverhältnissen entwickelte Ausdruck von Heinrich Popitz, Phänomene der Macht, S. 43 ff.

Musicals und Weihnachtsmärkte liebt, obwohl beide ihre Küche bei IKEA kaufen. Außerdem binden sich Frauen nicht gern an Männer, die unter ihrem Bildungsniveau stehen. Männer haben damit traditionell weniger Probleme, aber die männliche Herrschaft funktioniert auch nicht mehr so wie früher: Männer wollen sich mehr und mehr mit selbstbewussten Frauen zeigen, die wie sie selbst in ihrem Leben noch etwas vorhaben. Die »trophy woman« von heute verbindet Sex mit Gebildetheit und Anschmiegsamkeit mit Ehrgeiz. Bildung lässt sich im Übrigen leicht mit Charaktermerkmalen und Problemlösungsstilen kombinieren, sodass ein Prädiktor für ein optimales Beziehungsmatching, sei es nun homo- oder heterosexuell, zur Verfügung steht.

Wählen kann freilich wählerisch machen, womit die Gefahr verbunden ist, dass man niemanden findet.[5] Die Qual der Wahl resultiert aus der Optimierungsidee: Es könnte ja immer noch eine Bessere oder einen Besseren geben, mit denen die Beziehung noch glücklicher, erfolgreicher und sexyer wird. Aus Torschlusspanik nimmt man schließlich den- oder diejenige, die beim Fest der Freundin oder des Freundes von den Eingeladenen am Ende übrig geblieben ist – oder man kehrt nach ein paar enttäuschenden Umwegen doch zur Jugendfreundschaft zurück.

---

5 So können die »Speed-Dater«, die mit ständig neuen Beziehungskontakten auf der Suche nach dem optimalen Partner sind, am Ende eher allein dastehen als die Mauerblümchen, die wenig kontaktfreudig, dafür aber beziehungsanhänglich sind. Siehe Konrad, »Affection, Speed Dating and Heart Breaking«.

Im Gedanken der Angst, niemanden mehr abzubekommen, dämmert einem die Wahrheit der Wahrscheinlichkeitstheorie, dass die Tendenz in der Mehrzahl der Fälle nichts über die Wirklichkeit des Einzelfalls aussagt. Was hier und jetzt stimmt, muss nirgendwo sonst zutreffen. Die Begegnung von Ich und Du, kann man von einem Philosophen der Zwischenmenschlichkeit wie Martin Buber erfahren,[6] geschieht unmittelbar und gegenwärtig, ist aber, so muss man hinzufügen, durch ein ein wenig zu langes Zögern und eine ein wenig zu schnelle Annäherung immer gefährdet.

Begegnung ist nicht Wahl. Offenbar ist die Wahl eines Liebes- und Lebenspartners anders zu denken als die Wahl einer Sache und eines Produkts. Die Frage, wen ich wählen soll, impliziert nämlich notwendigerweise die Gegenfrage, wer mich wählen wird. Zum Wählen gehört, wenn eine Beziehung zustande kommen soll, das Gewähltwerden. Ich will ein begehrenswerter Anderer für einen Anderen sein, ebenso wie ein Anderer ein attraktiver Anderer für mich sein soll. Das ist mysteriös genug, weil es um die Verbindung von zwei singulären Wesen geht, die zudem den Anspruch haben, als singuläre Wesen anerkannt zu werden. Wie kann man sich so treffen, dass das Ich für einen Anderen zu einem einzigartigen und unaustauschbaren Du wird?

Man muss sich offenbar für den Zufall öffnen, der einem ein Du beschert, das keinem Wahlprogramm entspricht. Das jedenfalls ist die Ursprungsfantasie der romantischen Liebe als einer Liebe auf den ersten Blick. Romeo und Julia sehen sich und sind mit einem Mal allen ständischen Gren-

---

6 Buber, »Ich und Du«.

zen und rationalen Kalkulationen zum Trotz unsterblich ineinander verliebt. Der Akt der Wahl muss mit der Kontingenz rechnen, was allerdings bedeutet, dass immer alles auch anders kommen kann. Die Filme von Eric Rohmer oder die Romane von Patrick Modiano handeln von den eleatorischen Fantasien einer Liebe des richtigen Augenblicks. Was sich dann als Glück oder als Unglück herausstellt, ist freilich alles andere als klar. Für die Kunst macht das gerade den Reiz der Sache aus: abgebrochene Episoden, die ganz woanders weitergehen, namenlose Gesichter, die aus dem Gedächtnis nicht verschwinden wollen, und flüchtige Begegnungen, denen die Seele nachtrauert.

So endet das Bemühen um die Ermessung von Bindungschancen in der Angst bereitenden Erkenntnis des Kontrollverlustes über das Zustandekommen von Bindungen. Ich lasse mich durch psychoanalytische oder überhaupt psychotherapeutische Beratungsliteratur darüber aufklären, dass das Suchraster für meine Partnerwahl auf die Beziehungserfahrungen in meiner Kindheit mit Mutter und Vater zurückgeht; das hilft mir indes wenig, wenn ich verstanden habe, dass ich in meinen Wahlen von den Wahlen eines x-beliebigen, mir verschlossenen und verborgenen Anderen abhängig bin.

Die Antwort, die das außengeleitete Ich auf dieses Dilemma, das sich aus der Reziprozität der Wahl ergibt, parat hat, ist die Vervielfältigung der Bindungsprojekte. Wenn alle sozialen Beziehungen einschließlich der intimen und existenziellen unter der Drohung der Kündigung stehen und, wie die Scheidungsrate von knapp 40 Prozent in Deutschland belegt, auch tatsächlich geradezu massenhaft gekündigt werden, dann ist es aus Gründen des Selbstschutzes doch klüger, sich von der einen Beziehung nicht alles zu erwarten. Die populäre Rede vom Lebensabschnittspartner, dem man auch im Nachhinein noch offen und ehrlich begegnen kann, unterstützt die Vorstellung eines unverletzbaren Selbst, das in seinen verschiedenen Lebensphasen den der jeweiligen »Entwicklungsaufgabe« gemäßen Partner findet. Das mögen einem manch einschlägige Ratgeber so erzählen, in Wirklichkeit, das wissen wir, ist das natürlich alles Lug und Trug. Das Leben ist keine Folge von Schiffbrüchen, die sich als wichtige Erfahrungen auf dem Wege der Selbstverwirklichung abbuchen lassen. Aber wie anders ist die Zwiespältigkeit von Bindungsverlangen und Bindungsangst zu ertragen?

Zuflucht bieten die einzig unkündbaren Beziehungen, die es heute noch gibt: Das sind die Beziehungen zwischen Eltern und Kindern und die zwischen Geschwistern.

Die Familie von heute, erklärt die Familiensoziologie,[7] ist eine kindzentrierte Lebensform. Nicht das Verwandtschaftssystem, nicht die Partner, sondern die Kinder stellen das Zentrum der Familie oder, weiter gefasst, der familienförmigen Lebensgemeinschaften dar. Mit anderen Worten: Man bindet sich nicht, weil man das Erbe zweier Familien weiterführen, weil man eine legitime Form für den Sex haben oder weil man der gemeinsamen Liebe einen Ausdruck verleihen will. Man will vielmehr in erster Linie die Bindung ans Kind, die von keiner der beiden Seiten gekündigt werden kann.

Eltern, die an ihren Kindern verzweifeln, weil die sich die Freiheit nehmen, das Andere zu tun, kommen von die-

---

[7] Etwa Peuckert, Familienformen im sozialen Wandel.

sen ebenso wenig los wie Kinder von ihren Eltern, die diese hassen, weil sie sich von ihnen vereinnahmt und missbraucht fühlen oder weil sie Opfer von deren Gewalt gewesen sind. Verzweiflung, die immer wieder einen grünen Zweig sieht, bindet und Hass, der zum völligen Abbruch des Kontakts führt, noch viel mehr. Man bleibt Eltern seiner Kinder, auch wenn diese längst das Elternhaus verlassen und eine eigene Familie gegründet haben, und man bleibt zeitlebens Kind seiner Eltern, auch wenn diese altersschwach und geistesverwirrt geworden sind. Das »Blut ist ein ganz besonderer Saft«, es bindet noch in der Trennung und überdauert den Tod.

Bindung ist das knappe Gut, das einem das Kind zur Verfügung stellt. Kinder werden weniger als mithelfende Familienangehörige denn als mitfühlende Beziehungspartner gebraucht. Den systemischen Familienanalysen kann man entnehmen, was daraus für die Beziehungsdynamik in der Familie folgt oder doch folgen kann. Das Kind wird in der Konkurrenz zwischen den Elternteilen nicht selten zum umstrittenen Bundesgenossen, es kann in den Vorstellungen eines Elternteils zum Ersatz für den Partner aufgebaut werden, als Abbild schlechthin für alles Gute und Schöne oder als Sündenbock für alles Schlechte und Böse fungieren, oder es muss gar als Projektionsfigur des idealen Selbst von Mutter und Vater herhalten.[8] Das passiert in den Zwei-Eltern- genauso wie in den Ein-Eltern-Familien. Man kann sich als Alleinerziehende, die sich mit dem Kind oder den Kindern eingerichtet hat, für einen Partner offenhalten und

---

[8] Das sind Varianten, auf die schon Horst-Eberhard Richter, Eltern, Kind und Neurose, gestoßen ist.

sich als Zu-zweit-Erziehende mit seinen unerfüllten Partnerwünschen jeweils in ein Schneckenhaus zurückgezogen haben. Die äußeren Formen des sogenannten glücklichen Familienlebens sind überall die gleichen. Besonders und einmalig wird es durch die Beziehungsschicksale, die sich aus den unbewussten Rollenzuschreibungen ergeben. In dieser emotionalen Hinsicht stehen Eltern und Kinder in der kindzentrierten Familie auf einer Stufe.

Die Kündigungsdrohung intensiviert den Bindungswunsch. Wohin mit der Angst, am Ende allein dazustehen und mit niemandem sein Leben teilen zu können? Die Beziehungen zwischen Eltern und Kindern und zwischen Geschwistern besitzen für das außengeleitete Ich das anthropologische Gewicht einer natürlichen Bindung, die durch keine Kündigung aus seelischer Willkür oder nach partnerschaftlicher Übereinkunft getrennt werden kann.

Ohne Bindung kommt das Ich anscheinend nicht aus. Aber Bindung macht Angst, weil die Freiheit des Ichs von der Freiheit des Anderen abhängig wird. Die Formel für diese paradoxe Situation lautet: Freiheit durch Verstrickung. Ich kann dich nur wollen, wenn du mich willst, aber ich weiß nie, ob du mich wirklich willst – genauso wenig wie du weißt, ob ich dich von ganzem Herzen will. Ich weiß es in manchen Momenten selbst nicht. Das Ich kann daher um seiner selbst willen die Angst nicht fliehen. Die Sehnsucht nach einer unkündbaren Beziehung beweist letztlich nur, was sie verdecken soll.

Das Unbehagen mit dem eigenen Typ

Der klassische Angsttyp moderner Gesellschaften ist der soziale Aufsteiger männlichen Geschlechts. Man denkt sofort an die robusten Machertypen, die als Bauunternehmer, Handelskettenbetreiber oder mit Agenturen für Versicherungen und Finanzprodukten reich geworden und nach oben gekommen sind. Sie gibt es im großen Maßstab mit viel gelber Publicity und Berichten über Vielzimmervillen, Erbfreundschaften und Charity-Events, sowie als lokale Fürsten, die ein mittelständisches Unternehmen, eine spezielle Klinik oder eine anwaltliche Praxis unterhalten.

Sie machen keinen Hehl daraus, dass sie aus kleinen Verhältnissen stammen, von Hause aus weder etwas mit bildender Kunst noch mit gelisteten Rotweinen zu tun hatten, aber lassen auch keinen Zweifel daran, dass man mit Lernbereitschaft, Durchsetzungsvermögen und Menschenkenntnis seinen Weg machen kann. Man gibt sich volksnah, pflegt seine Freundschaftskreise und liebt definitive Gesten.

Das Publikum wartet natürlich begierig auf Nachrichten von der Hinterbühne, die beweisen, dass der soziale Aufstieg schwer erkauft ist. Man würde sich nicht wundern, wenn die Frau mit dem Mini, die sich Tag für Tag ins Reitgestüt aufmacht, nicht mehr viel Gebrauch von ihrem Mann, der so gut wie nie zu Hause ist, machen würde oder wenn der »Selfmademan« seinen armen, von Sozialhilfe abhängigen Bruder verheimlichen würde. Der Weg aus dem Nichts muss mit Leichen gepflastert sein.

Das bleibt dem Aufsteiger alles nicht verborgen. Wie freundlich und anerkennend die Leute in seiner Umgebung auch sein mögen, als Typ fühlt er sich unter ständiger Beobachtung. Das ist nicht die Beobachtungshaltung des politischen Publikums, das die Glaubwürdigkeit seiner Repräsentanten kontrolliert, auch nicht die des Prominenzpublikums, das von seinen Zielobjekten gewisse Eskapaden geradezu erwartet, es handelt sich vielmehr um das Publikum derer, die unten geblieben sind und den Aufstieg nicht geschafft haben. Die warten, so glaubt der Aufsteiger, nur darauf, dass ihm die als Großkotzigkeit ausgelegte Großzügigkeit zum Verhängnis wird, dass die guten Freunde, die er protegiert und alimentiert hat, im casus belli von ihm abfallen und dass er in seinen beruflichen Aktivitäten als Trickser und Täuscher auffällt.

So lebt der Aufsteiger in der Angst vor jenen, denen er entkommen ist und deren Statusfatalismus er Lügen gestraft hat. Selbstverständlich weiß er, dass sein Erfolg nicht nur Verdienst seiner Leistungsanstrengung war, dass Glück, ein Mentor im Spiel waren oder einfach eine Konjunktur der Lage ihm in die Hände gespielt hat, die Typen wie ihm eine Chance gegeben hat. Weil der Chor der Anderen ihm im Nacken sitzt, kommt er sich auf eine unbestimmte und unfassbare Weise schuldig vor. Als habe er Verrat an seiner Herkunft begangen, fürchtet er, obwohl er sich für religiös absolut unmusikalisch hält, die Rache der Götter.

Gewisse Blicke treffen ihn so sehr, dass ihm in solchen Momenten der Gedanke kommt, alles, was er sich leiste und gönne, diene nur der Ertränkung der Angst, die ihn so unruhig und getrieben sein lässt. Die Statussymbole, die zeigen sollen, was er geschafft hat, erscheinen ihm dann fad und lächerlich. Leicht kippt er in solchen Augenblicken in eine Stimmung der Sentimentalität, die einer Abbitte gleichkommt, für die es keine Adresse gibt.

Andererseits ist sich der soziale Aufsteiger vollkommen darüber im Klaren, dass er da, wo er jetzt angekommen ist, ein Geduldeter und Fremder bleibt. Auch wenn die Tochter einen sehr guten betriebswirtschaftlichen Abschluss gemacht und der Sohn ein Studium experimentellen Films an renommierten Orten in Großbritannien und den USA absolviert hat, vermag er den Geruch des Emporkömmlings nicht loszuwerden. Nach wie vor beherrscht ihn das Gefühl, gegen und nicht mit dem Strom zu schwimmen. Deshalb ist er immer wieder in Versuchung, den Rücksichtslosen, Gerissenen und Durchtriebenen zu geben. Man spendet ihm Applaus, solange er seine Position halten kann, gerät er jedoch ins Strudeln, glaubt er sich darauf gefasst machen zu müssen, gestoßen und getreten zu werden.

So stellt sich der soziale Aufsteiger, so wie wir ihn aus den Zeiten der industriegesellschaftlichen Expansion kennen, als ein Typ zwischen den Stühlen dar. Er will weder sein, wo er ist, noch, wo er herkommt. Es ist diese positionale Inkonsistenz, die ihn mit Angst erfüllt. Weil er keine Ahnung hat, wohin er sein müdes Haupt in Momenten der Schwäche legen soll, fühlt er sich völlig auf sich verwiesen.[1] Das Schwärmen von der eigenen Durchsetzungskraft lässt sich freilich nicht ewig durchhalten. Die Statussucher, wie Vance Packard bereits 1959 die sozialen Aufsteiger der

---

1 Hans-Peter Dreitzel, Die Einsamkeit als soziologisches Problem, sieht darin die konstitutive Einsamkeit des sozialen Aufsteigers.

Nachkriegszeit genannt hat,[2] wollen irgendwo landen und irgendwo hingehören. Die soziologische Bezugsgruppentheorie[3] hat diesem Wunsch einen Namen gegeben: Es muss zumindest eine eingebildete Gruppe geben, der man sich zuordnen kann und wodurch man ein Gefühl von Zugehörigkeit und Bedeutung erhält. Die Heroisierung der Position des Dazwischenseins ist auf Dauer nicht durchzuhalten. Das harte Gesetz der sozialen Wertschätzung besagt nämlich, wer im Unglück ist, setzt sich ins Unrecht.

Das Massenphänomen des sozialen Aufstiegs hat in unserer Gesellschaft indes ein ganz anderes Gepräge. Der »Selfmademan« ist nur die spektakuläre Variante eines allgemeinen Typs. Es geht um längere Aufstiegswege in der Generationenfolge einer Familie: Der Großvater stammt vom Dorf und ist bei der Eisenbahn vom Streckenarbeiter bis zum Lokomotivführer aufgestiegen; der Sohn hat es mit einem Fachhochschulabschluss zum Geschäftsführer einer gemeinnützigen Wohnungsbaugesellschaft gebracht; und die Enkelin hat in Neuerer Geschichte promoviert und ist jetzt Professorin an einer deutschen Universität mit Exzellenzstatus. Solche Aufstiegsgeschichten können in vielen Familien erzählt werden und belegen zumeist die wachsende Bildungs- und Erwerbsbeteiligung der Frauen.

Hier sehen sich die Protagonisten bei aller persönlichen Anstrengung im Einklang mit einer gesellschaftlichen Tendenz, die über die Öffnung des Bildungswesens und infolge der Erweiterung des Beschäftigungssystems das berufliche

---

2 Packard, The Status Seekers.
3 Die geht auf Robert K. Merton, »Contribution to the Theory of Reference Group Behavior«, zurück.

Fortkommen und die persönliche Statusverbesserung erleichtert hat. Die Enkelgeneration der großen Nachkriegsentwicklung ist in einer neuen Welt der Angestellten und Beamten angekommen, in der sie sich durchaus als leitend in ihrer Position sehen, aber weit davon entfernt sind, sich als Alphatypen zu begreifen, die sich auf Kosten anderer beweisen müssen.

Zwei Dinge sind für diesen herrschenden Typ wichtig: zum einen der Weg über die für neue Gruppen und Klassen geöffneten Bildungsinstitutionen und zum anderen die Tätigkeit in beruflichen Kontexten, die Kommunikation und Repräsentation als Schlüsselqualifikationen erwarten. Der zentrale Sozialisationseffekt von weiterführenden Schulen und dann der Hochschule besteht in der Einübung von Leistungsmotivation als Voraussetzung für Erfolgstüchtigkeit. Die Aufstiegsenergie wird in den Bildungsinstitutionen durch die Ausrichtung auf Bildungsziele ausgekühlt und abgerichtet. Das Lehrpersonal verteilt Noten bekanntlich nicht nur für formelle Leistungserbringung, sondern auch und besonders für informelle Habitusdurchdringung. Die Heranwachsenden sollen lernen, sich einzubringen, auszudrücken und insgesamt eine gute Figur zu machen.

Das wird dann in den Berufen der Systemanalyse, Dienstleistung und Forschungsentwicklung erwartet und geschätzt. Weiter kommt, wer zu kollegialer Zusammenarbeit, kommunikativer Offenheit und möglicherweise zu kreativer Eigenheit in der Lage ist. Zumindest sind das notwendige, vielleicht bei Wettbewerben um begehrte Positionen nicht immer hinreichende Voraussetzungen.

Es ist nur klar, dass das rabiate Durchsetzungsverhalten der anfänglich beschriebenen Macher für diese Art von

Aufstiegswegen nicht von Vorteil ist. Man muss sich in Regimen von Teamarbeit und Projektentwicklung zurückhaltender, gefügiger und anschlussfähiger zeigen. Die Frage ist also nicht allein, was ich mir zutraue, sondern zuerst, wie ich die anderen davon überzeugen kann, dass ich mit dem, was ich zu leisten vermag, der Arbeitsgruppe, der Abteilung oder dem ganzen Betrieb von Vorteil bin.

Es macht offenbar einen großen Unterschied, ob man sich als sozialer Aufsteiger auf freiem Feld oder in geregelten Bahnen sieht – ob man alles nach außen wirft oder ob man Anschluss sucht und auf Ausschreibungen achtet. Da regiert die Angst, niederkonkurriert und abserviert zu werden, dort die Angst, übersehen zu werden und unberücksichtigt zu bleiben.

Der soziale Aufsteiger, der auf eine betriebliche Karriere gesetzt hat, die zwar nicht absehbar, aber auch nicht unwahrscheinlich war, kann mit seiner Angst nicht prahlen. Er ist einer von vielen, die ihre Chance genutzt haben und nach vorn gekommen sind. Es gibt zwar immer andere, die es bei gleichen Voraussetzungen der Herkunft und des Alters so nicht geschafft haben, aber das ist kein Grund, sich für mutiger, cleverer oder besser zu halten. Es hat sich eigentlich alles wie von selbst ergeben.

Die Angstszenarien unserer ganz normalen sozialen Aufsteiger aus den Generationen der Babyboomer oder der Finanzkrisen und des Internets sind viel versenkter und versteckter. Wie in einem Flashback kommen sie ihnen in träumerischen Situationen gleichschwebender Aufmerksamkeit in den Sinn – nach dem zu frühen Aufwachen oder beim Hören eines alten Popsongs.

Besonders die Szenen aus der Schule sind nicht selten

Szenen der Angst. Die Angst zum Beispiel, schon bei der Einschulung zu versagen. Man sieht die Mutter, die draußen auf dem Flur wartet, um das Ergebnis des Schuleignungstests entgegenzunehmen. Der Sechsjährige soll Strichzeichnungen vollenden, Angaben zur Uhrzeit machen und Höhenverhältnisse zwischen einzelnen Stäbchen beurteilen. Es handelt sich in der Erinnerung um eine unklare Situation, weil nicht zu erkennen ist, was gefordert ist und worin die Prüfung besteht.

Dann die Wiederkehr des furchtbaren Schamgefühls, als der vielleicht Zehnjährigen bei einem Besuch des Elternhauses einer Schulkameradin die hauchdünne Teetasse mit dem durchsichtigen Lindenblütentee hinfällt und auf dem Boden zerbricht. Sehr viel später wird sie bei einem Klassiker der modernen Literatur lesen, dass es sich bei den dicklichen, ovalen Sandtörtchen, die die Mutter der Klassenkameradin ihnen mit einem Wunder verheißenden Blick gereicht hatte, um »Petites Madeleines« handelte.

Schließlich die Erinnerung an die unbändige Wut auf den Kommilitonen, der einfach geblufft hatte, als der sagenumwobene Professor ihn nach dem Proseminar nach seiner Auffassung zu der Verbindung von Freud und Piaget fragte. Der hatte doch selbst nichts gelesen, sich alles nur von ihm beim Essen sagen lassen, und konnte trotzdem so schlau und geistreich daherreden. Danach hatte sich der Professor verabschiedet, ohne ihn nur eines Blickes zu würdigen.

Szenen dieser Art verdeutlichen die Angst der sozialen Aufsteiger aus der deutschen Aufsteigergesellschaft in den Zeiten der Bildungsexpansion und der Aufwertung der Beschäftigungsstrukturen. Es ist die Angst, nicht zu genügen, an Maßstäben gemessen, die einem undurchsichtig sind.

Was habe ich in den Sozialisationsapparaten der Bildung zu erwarten? Wie benehme ich mich in den distinguierten Kreisen? Wie kann ich zeigen, was ich kann? Überall fühlt sich die Aufsteigerin auf fremdem Terrain, stets muss sie erst lernen, wie man das macht, nie gelingen die Dinge locker und leicht. Die Angst vor dem Ungenügen will nicht weichen.

Selbst so etwas Banales und Alltägliches wie der Small Talk bei einer Abendeinladung kann zur komplizierten Aufgabe werden. Wenn man an den Blicken der anderen merkt, dass gar kein Tischfeuerwerk von geistreichen Pointen verlangt ist, könnte man schon wieder ganz aufgeben. Wie bekommt man nur dieses freundliche, aufmerksame und niemals zu ernste Pingpongspiel hin, bei dem sich offenbar alle wohl fühlen? Diese Haltung, die Wachheit mit Gelassenheit verbindet, steht einem einfach nicht zu Gebote.

In Aufnahme und Erweiterung von Kategorisierungen, die Talcott Parsons für das Rollenlernen in der Familie entwickelt hat,[4] kann man vielleicht sagen, dass die Aufsteigerin erstens mit dem Gefühl der Unzulänglichkeit aufwächst, weil sie immer wieder das Gefühl hat, dass etwas von ihr erwartet wird, was sie nicht leisten kann; dass sie zweitens mit dem Gefühl des Ungeschicks geschlagen ist, weil sie im Umgang mit den von Hause aus Bessergebildeten und Bessersituierten das Gefühl nicht los wird, dass sie in Fettnäpfchen tritt und Fehler begeht; und dass sie drittens bei ihren Mühen und Anstrengungen vom Gefühl der Unbilligkeit beherrscht ist, weil sie sich sehr schnell unge-

---

4 Parsons, Über wesentliche Ursachen und Formen der Aggressivität, S. 223–255.

recht behandelt und um die verdiente Belohnung beraubt fühlt. Es ist die daraus entstehende Überempfindlichkeit, mit der sich die vielen ganz normalen sozialen Aufsteigerinnen und Aufsteiger das Leben so schwer machen.

Das betrifft eben nicht allein die Maßstäbe der Bildung und des Berufs, sondern mehr noch die Maßstäbe der Lebensführung und der Selbstdarstellung. Weil sie sich Schritt für Schritt von ihrer Herkunft entfernt haben, können sie sich nicht als Leute von unten stilisieren. Schwitziges Vordränglertum passt für sie genauso wenig wie auftrumpfende Cleverness. Der Großvater bildet zumeist den Bezugspunkt für den sozialen Aufstieg der Familie, schon Vater und Mutter hatten den Ehrgeiz, weiterzukommen und ein besseres Leben zu haben. Für die Enkel ist Herkunft daher nur noch eine Chiffre für Verlust, nicht mehr für Ursprung. Aufstieg hat sich für diese große Gruppe von sozialen Aufsteigerinnen und Aufsteigern, psychoanalytisch gesprochen, von einer Kategorie der tatkräftigen Projektion in eine der angstvollen Introjektion verwandelt. Zu unterliegen ist etwas grundsätzlich anderes, als zu versagen. Diese Angst rieselt feiner, setzt sich dafür auch tiefer in den Poren fest.

Man will auf keinen Fall als engstirnig, provinziell oder angestrengt erscheinen. Aber Weltläufigkeit, Lockerheit und Selbstsicherheit sind so einfach nicht zu erlernen. Deshalb sitzt der Schreck tief, wenn man sieht, wie nachlässig und geschmackvoll man eine Wohnung einrichten, wie herzlich und zielstrebig man seine Kinder erziehen und wie achtsam und voller Disziplin man mit sich selbst umgehen kann. Wie machen die anderen das, was mir nicht gelingt?

Man hält sich an den kleinen Ängsten vor großen Plätzen und schmalen Korridoren fest, um die große Angst um sich selbst zu vermeiden. Nur einen Spalt weit darf die Tür zur Angst geöffnet werden, weil im Raum dahinter die Wände zurückweichen und der Boden sich öffnet. Aber diese existenzielle Taktik kann noch mörderischer für das Selbst sein, weil trotz Yogaübungen, Coachinggesprächen und Wellnesswochenenden das Gefühl des Ungenügens nicht verschwindet.

Während der soziale Aufsteiger alten Typs mit dem Publikum der Anderen kämpft, die ihn seiner Meinung nach am Boden sehen wollen, hadert der soziale Aufsteiger neuen Typs mit sich selbst, weil für ihn der Weg das Ziel ist.

Beide vereint die Bereitschaft zur Selbstmobilisierung und zum sozialen Wandel, aber auch die hoffnungslose Sehnsucht, jemand anderes zu sein, der einfach nur so ist, wie er ist, und in dem, was er geschafft hat, seine Erfüllung findet. Sie sehen sich mit dem Verlust der Verhaltensheimat ihrer Herkunft auf ein Selbst ohne Füllung zurückgeworfen und suchen deshalb nach einem Rahmen für ihr Leben.

Zugleich liegt eine ungeheure Energie in diesen Lebensformen des Unbehagens mit dem eigenen Typ. Die so viel beschworenen Tendenzen zur Individualisierung des Selbstverständnisses und zur Pluralisierung der Sozialmilieus haben hierin ihren Grund. Deshalb sind die politischen Parteien, die diesen Kräften des Aufbruchs und der Überschreitung mit konservativem oder sozialdemokratischem Akzent als »neue Mitte« eine Stimme verliehen haben, prägend für die »glorreichen dreißig Jahre« von Wohlstandsmehrung und Friedenssicherung geworden. Sie haben gerade für die Großgruppe der sozial Aufgestiegenen die Angst, nirgendwo hinzugehören, in den Stolz, für das Neue zu stehen, verwandelt.

Wenn die Gewinner alles nehmen

Die amerikanischen Ökonomen Robert H. Frank und Philip J. Cook haben in der Mitte der manischen Neunzigerjahre des letzten Jahrhunderts ein Buch mit dem, ein Stück von Abba zitierenden, Titel »The Winner-Take-All-Society« veröffentlicht.[1] Das war zur Zeit einer unglaublichen Wiederbelebung der kapitalistischen Utopie, als sich durch das Netz, auf dem Gebiet der Biotechnologie oder mit der Durchsetzung des globalen Finanzmarktes eine regelrechte Revolutionierung der Chancen im siegreichen Kapitalismus andeutete. Wer schnell, gewitzt und mutig war, konnte sich aus dem Nichts auf einen Platz in der ersten Reihe katapultieren. Brachliegende Fantasien und Begierden wurden von Hedgefonds-Managern wie John Paulsen, Biounternehmern wie Craig Venter oder Garagenunternehmen wie Steve Jobs geweckt.

Allerdings trug das Buch eine ziemlich ernüchternde Feststellung im Untertitel »Why the Few at the Top Get So Much More than The Rest of Us«. Die Erklärung, die die beiden Ökonomen gaben, lautete kurz gesagt: Wir alle sind die Betrogenen, weil immer mehr Leute um immer weniger Positionen konkurrieren, für die immer höhere Preise gezahlt werden. Man kennt das aus den von den Medien unterstützten Starsystemen im Sport, im Kino oder in der bildenden Kunst. Usain Bolt, Angelina Jolie oder Gerhard

---

1 Frank/Cook, The Winner-Take-All-Society.

Richter nehmen fast alles an Aufmerksamkeit, Wertschätzung und Einkommen, sodass für die Mehrzahl der ebenfalls ausgezeichneten Athleten, Filmschauspielerinnen und Maler so gut wie nichts mehr übrig bleibt. Wer kennt schon die anderen 100-Meter-Läufer aus Jamaika, wer die Nebendarstellerin eines Erfolgsfilms aus Frankreich und wer den höchstdotierten lebenden deutschen Zeichner?

Frank und Cook sind der Auffassung, dass sich diese Art von Märkten in der Gegenwartsgesellschaft ausbreiten. Was bisher auf die Unterhaltungs- und Luxusmärkte des Sports, des Kinos oder der Kunst beschränkt war, gilt heute für Märkte von Rechtsanwälten und Ärzten, für Märkte für Investmentbanking und Unternehmensberatung, für Märkte von Schulen und Universitäten oder für Märkte für soziale Stiftungen und Nichtregierungsorganisationen. Es sind jeweils kleine Differenzen in der Darstellung, die große Unterschiede im Ansehen und in der Bezahlung oder im Gewinn machen.

Die Rhetorik des Ratings unterstützt diese Logik des Marktes. Zu allen möglichen Fragen werden Rangfolgen erstellt: Welche Schriftstellerin die meisten Preise geholt hat, welche Fernsehschauspielerin die höchste Gage pro Drehtag erhält und welches weibliche Vorstandsmitglied die meisten Kinder geboren hat. Das lässt sich in Schaubildern mit digital bearbeiteten Porträtaufnahmen fürs Publikum ansprechend ins Bild setzen.

Performanz ist das Zauberwort.[2] Die Person muss sich, um sich soziale Geltung zu verschaffen, irgendwie in Szene

---

2 Zu diesem Grundbegriff der Gegenwartsdeutung existiert mittlerweile eine schier nicht mehr zu überblickende Flut von Literatur.

setzen. Das heißt, sie ist aufgefordert, bekannte Rollenelemente so zu kombinieren, dass ihr ein bemerkenswerter Auftritt vor einem aufmerksamen Publikum gelingt. Besonders interessant kann man sich durch ungewöhnliche Kombinationen machen, die für einen Beobachter den Eindruck einer überraschenden Facette an einem hergebrachten Muster erwecken: ein Investmentbanker mit Migrationsgeschichte und Rucksack, eine Professorin aus einer bildungsfernen Schicht im Jil-Sander-Kostüm, ein Tischler mit Hochschulabschluss im Hipsteroutfit. Das darf selbstverständlich nicht wahllos und überzogen wirken, es muss in jedem Fall ein stimmiges Bild ergeben, das Innovationskraft und Erfolgstüchtigkeit in Aussicht stellt.

Unter Performanzdruck gerät die Bestenauslese, wenn viele um die wenigen Spitzenplätze konkurrieren. Es reicht dann nicht allein der Nachweis einer traditionellen Zugangsvoraussetzung in Gestalt eines Bildungszertifikats, von Habitussicherheit oder, wenn man sich damit schwertut, von Loyalitätsbekundung. Man muss ein Extra bieten, das einen klüger, glänzender und wagemutiger als der graue Rest erscheinen lässt. Schließlich heißt die unbarmherzige Devise: »The winner take it all!«

Nun ist das Phänomen so neu nicht. Die klassische Soziologie des Leistungsprinzips³ hat schon den Unterschied zwischen Leistungstüchtigkeit und Erfolgstüchtigkeit he-

---

Siehe nur Erika Fischer-Lichte, Ästhetik der Performanz, und den Artikel »Performanz« von Aldo Legnaro, S. 204–209.
3 Etwa Hans Peter Dreitzel. Elitebegriff und Sozialstruktur, S. 99ff., der sich wiederum auf die klassische Untersuchung von Gustav Ichheiser, Kritik des Erfolges, bezieht.

rausgearbeitet. Leistung erfährt nur dann Wertschätzung und führt nur dann zu sozialem Fortkommen, wenn sie als solche sichtbar und anerkannt wird. Der unbekannte Künstler stirbt als anonymer Hobbyist, wenn er nicht als großer Künstler von einem Galeristen oder einem Kritiker oder einem Sammler entdeckt und hochgehalten wird. Das Gleiche gilt für den kauzigen Erfinder, der nie einen Unternehmer gefunden hat, oder für den eigensinnigen Entdecker, dessen bahnbrechender Aufsatz nie veröffentlicht worden ist.

Leistung garantiert noch keinen Erfolg.[4] Selbst dann nicht, wenn man das Bildungssystem mit einem hochgeschätzten Zertifikat in der Tasche verlassen hat. Arbeitsmärkte richten sich zwar nach Bildungsabschlüssen, verlangen von der einzelnen Person aber, dass sie sich im Rahmen ihrer Berufstätigkeit weiteren Auswahlverfahren stellt. Im Betrieb oder als selbstständig tätige Person nützt einem ein Zeugnis wenig. Man muss sich in Wettbewerben ohne formale Kriterien durchsetzen und kann nicht darauf pochen, was einem früher mal bescheinigt worden ist. Überspitzt ausgedrückt: Das hierarchisch strukturierte Bildungssystem kontrolliert Leistung, der Wettbewerb von Gleich zu Gleich prämiert Erfolg.

Trotzdem glauben wir doch, dass Erfolg nicht unabhängig von Leistung ist. Unklar ist nur, worin die Leistung besteht, die am Ende über den Erfolg entscheidet. Die Formel von der Leistung, die sich wieder lohnen soll, verdeckt nur

---

4 Insofern ist die These von der für den Neoliberalismus kennzeichnenden Dominanz von Erfolg ohne Leistung nur die halbe Wahrheit; dazu Neckel, Flucht nach vorn.

die tatsächliche Doppelbödigkeit der Verhältnisse. Wenn im Zweifelsfall das Blendwerk der Performanz den Ausschlag dafür gibt, ob man noch im Spiel ist oder schon aussteigen muss, dann können einem schon Zweifel kommen, ob letztlich nichts anderes als der Erfolg selbst entscheidet. Nichts ist erfolgreicher als der Erfolg, muss man sich als derjenige, der das Nachsehen hat, dann sagen lassen.

Gehöre ich zu jenen, die im Rampenlicht stehen, die bewundert werden, um die man sich drängt – oder muss ich mich zu den Aussortierten und Geschlagenen rechnen, denen man für ihre Teilnahme mit den besten Wünschen dankt, die aber mit dem Vorlieb zu nehmen haben, was übrig bleibt?

Die nicht nur soziologisch aufschlussreiche Frage lautet dann, was es für die Stimmung einer Gesellschaft bedeutet, wenn solche »Winner-Take-All«-Märkte sich in alle möglichen gesellschaftlichen Bereiche ausdehnen – wenn also nicht allein Märkte für Spitzenpositionen so beschaffen sind, sondern auch solche für mittlere Ränge oder gar Heiratsmärkte und Aufmerksamkeitsmärkte, die für alle von Belang sind. Unterhaltungssendungen, die den besten Sänger, die beste Tänzerin oder das beste Model dem Publikum zur Wahl überlassen, und Konversationsformate der coolen Selbstanpreisung, wie sie in den sozialen Netzwerken gang und gäbe sind, geben einen Geschmack davon. Überall geht es um die soziale Spaltung zwischen den Wenigen, die sagen, was Trumpf ist und das Spiel machen, und den Vielen, denen nichts anderes bleibt, als mitzuspielen und darauf zu hoffen, noch einen Stich zu machen.

Frank und Cook sind angeekelt von einer Gesellschaft von Spitzenboni, Blockbustern und Bestsellern, die die

Mittelklassen-Gesellschaft, aus der wir kommen, kaputt macht. Aber sie sagen wenig über das Lebensgefühl einer »Winner-Take-All«-Welt. Wie fühlen sich die Verlierer, die mit dem Rest abgefunden werden, und wie die Gewinner, die alles genommen haben?

Den Erfolgreichen bleibt der Erfolg so lange treu, wie sie den Eindruck des Erfolgs zu vermitteln vermögen. Die Siegesgewissheit räumt alle Zweifel aus dem Weg. Kunden warten auf neue Modelle, Kollegen applaudieren zu ausgeschlafenen Deals, und Kreditgeber wollen den nächsten Fischzug nicht verpassen. Im Nachhinein ist die Verwunderung deshalb oft so groß, wenn zutage tritt, wie lange die Leute einem Erfolgreichen die Stange gehalten haben, obwohl die Zeichen des Misserfolgs schon längst nicht mehr zu übersehen waren.

Deshalb ist sich die Siegerin beim Siegen in der Regel selbst der größte Feind. Die Zweifel der anderen erhalten sofort Nahrung, wenn Zeichen des Selbstzweifels bei den Siegreichen zu erkennen sind. Öffentliche Nabelschau, das Geständnis von falschen Einschätzungen und die Widerrufung von Offensiven sind Gift. Schnell fühlt sich das Publikum getäuscht und verraten, wenn die Stars der Märkte schwanken und wackeln. Die Notierungen an den entsprechenden Börsen reagieren sofort, und mit einem Mal liegen Gerüchte über mangelnde Fortune in der Luft.

Die Gewinner, die alles nehmen, dürfen sich großzügig zeigen, sie können Verständnis für die Schwäche der anderen aufbringen, sie sollten sich sogar bei entsprechenden Gelegenheiten menschlich zeigen, aber sie müssen ihrer Überzeugung Ausdruck verleihen, dass sie das Feld beherrschen. Vertrauen ist dabei gut, aber Kontrolle bekanntlich besser.

Die hauptsächliche Angst der Gewinner und womöglich mehr noch der Gewinnerinnen besteht im Kontrollverlust über das Feld der Konkurrenz. Man muss in einer Spitzenposition zusammenarbeiten, Koalitionen schmieden und Kollegen auf gleicher Stufe in Schach halten, aber das Bild der Angst bezieht sich in erster Linie darauf, dass die Gefahr von Leuten aus dem Team ausgeht, die man als Konkurrenz gar nicht im Blick hat. Der nervöse Junge, der in Stresssituationen immer dieses Flackern in den Augen hat, oder die strebsame junge Frau, die sich ihre Erfahrungen anscheinend für die nächste Chefin aufbewahrt, oder der ewige Stellvertreter, den man schon von dem Vorgänger geerbt hat – von denen kann eine Person Tag für Tag darauf sinnen, einem bei der Formulierung eines Abschlussberichtes oder bei der Projektpräsentation bei dem obersten Chef ein Bein zu stellen, um sich selbst in den Vordergrund zu spielen. Das Schlimme ist, man weiß es nicht, aber man muss damit rechnen.

Von solchen Angstfantasien können die Abgeschlagenen nur träumen. Sie sind vom Gift des Ressentiments beherrscht. Es handelt sich um einen untergründigen Groll, der aus der Angst vor der eigenen Aggression resultiert. Ohnmächtig zur Rache, unfähig zur Vergeltung und verhindert zur Abrechnung verbreitet sich eine psychische Einstellung, die, wie Max Scheler formuliert hat, »durch die systematisch ausgeübte Zurückdrängung von Entladungen gewisser Gemütsbewegungen und Affekte entsteht, welche an sich normal sind und zum Grundbestande der menschlichen Natur gehören«.[5] Man schimpft über das Regime ge-

---

[5] Scheler, »Das Ressentiment im Aufbau der Moralen«, S. 49.

wissenloser Heuschrecken, denen das Schicksal der Werktätigen völlig gleichgültig ist, und trauert den guten alten Zeiten des industriellen Paternalismus nach; man beklagt die Verwüstungen einer Massenkultur von Mode- und Fastfoodketten und zelebriert Vinylabende und sammelt illuminierte Ausgaben; man empört sich über den Pumpkapitalismus privaten »deficit spendings« und träumt von einer Vollgeldökonomie redlicher Kaufleute.

So konserviert sich ein Gefühl der Kränkung, das überall Grund zur Beschwerde findet. Man gehört halt zu den »meisten von uns«, die bei dem Gedränge um die wenigen Positionen an der Spitze hinten runtergefallen sind. Re-sentiment ist, wie der Wortsinn sagt, das Wieder-Fühlen von erlittener Verletzung, erfahrener Niederlage und hingenommener Herabsetzung – allerdings immer mit der Angst, vor diesem nagenden Gefühl vollkommen kontaminiert zu werden.

Theodor W. Adorno hat in seinen zusammen mit Else Frenkel-Brunswick, Daniel Levinson und R. Nevitt Sanford erstellten Studien über den »autoritären Charakter« das Ressentiment auf eine rebellische Tendenz gegen ein System des verunmöglichten und verbauten Lebens zurückgeführt. Man muss den Rebell in sich selber behaupten, um sich mit dem Bestehenden überhaupt noch identifizieren zu können. Schwerer noch als das System der Auslese in der »Winner-Take-All«-Gesellschaft wiegt dann die Tatsache, dass so inferiore Wesen an die Spitze kommen und alles mitnehmen. Für den »Usurpator-Komplex«[6] ist der Hass auf die Gewinner kennzeichnend, die so wie man

---

6 Adorno, Studien zum autoritären Charakter, S. 219ff.

selbst sind. Wären es »Alpha-Typen«, an die man selbst nicht heranreicht, dann könnte man sich noch beruhigen. Angesichts der vielen Luschen jedoch, die den Ton angeben, geraten die Verlierer, die leer ausgehen, in Rage. Man hasst das System, die Demokratie und den Kapitalismus gleichermaßen.

In der Soziologie existiert eine lange Tradition des Ressentiments gegen das Ressentiment,[7] die in der Nachfolge Nietzsches den Menschen der Souveränität gegen den Menschen des Ressentiments ausspielt. Während der Ressentiment-Mensch aufgrund gehemmter Rache von Ängstlichkeit, Kleinheit und Verbissenheit gekennzeichnet ist, hat der »vornehme Mensch« die Angst vor seinen großen Begierden überwunden und sich vom »Geist der Rache« befreit.

Von psychoanalytischer Seite ist Nietzsches »Kampf gegen die Scham« als Quelle seiner vernichtenden Kritik des Ressentiments herausgestellt worden.[8] Es ist das Schicksal der Verlierer einer gesellschaftlichen Tendenz, dass sie sich voller Scham über ihre Niederlage der Selbstvergiftung durch eine »schielende Seele«, wie Nietzsche sich ausdrückt, hingeben. Sie sehen immer zuerst das Schiefe, Ungelungene und Verbaute und bringen sich damit aus Angst vor ihren Gefühlen um ihr eigenes Glück.

Man kann die »Winner-Take-All-Gesellschaft« als ehrliche Beschreibung der Ausweitung des kapitalistischen Prinzips einer gnadenlosen Bestenauslese hinnehmen und

---

[7] So Micha Brumlik, »Charakter, Habitus und Emotion«, S, 141–154, treffend über die Soziologie Pierre Bourdieus.
[8] Wurmser, Die Maske der Scham.

als Entdeckungsverfahren hervorragender Leistungen sogar preisen. Aber diese Totalmobilisierung der Wettbewerbsenergien hat ihren gesellschaftlichen Preis. Der besteht in der Ausbreitung einer postkompetetiven Verbitterungsstörung[9] unter den Zweiten und Dritten, die sich als gedemütigte Verlierer empfinden. Das heruntergeschluckte Rachemotiv äußert sich in Antriebsblockaden, Rückzugstendenzen und in einer Haltung des Beleidigtseins vom Leben überhaupt. Man wollte doch wie alle anderen auch nur einen Platz an der Sonne erobern und musste erleben, wie man übergangen, bloßgestellt und aussortiert worden ist. Das sitzt alles so tief und so fest, weil aus der Sicht der Ausgeschiedenen und Übergangenen Grundannahmen eines fairen Miteinanders verletzt worden sind.

Bei gesellschaftlich wichtigen Wettbewerben kann nicht eine Person alles nehmen. So wie bei der Notenskala in der Schule existieren vordere, mittlere und hintere Ränge. Auch wer auf Sieg setzt, muss eine Chance auf einen anerkannten Platz im Mittelfeld haben. Die Leistungsgesell-

---

[9] Unter posttraumatischen Verbitterungsstörungen versteht der Psychiater Michael Linden, »Posttraumatic Embitterment Disorder«, eine Reaktionsweise, die nach außergewöhnlichen, aber lebensüblichen Belastungen wie Kündigung, Trennung oder Verlust auftreten kann, wenn diese als extrem ungerecht, kränkend oder herabwürdigend erlebt werden. Es kommt zu anhaltenden Gefühlen von Verbitterung verbunden mit Gefühlen von Hilflosigkeit, Selbst- und Fremdvorwürfen und zerstörerischen Fantasien. Das endet nicht selten in der Bestrafung des vermeintlichen Aggressors durch Manöver von Selbstzerstörung.

schaft braucht eine Erfolgskultur, die Gewinner prämiert, ohne Verlierer herabzuwürdigen. Sonst produziert die Angst, das Nachsehen zu haben, nur Resignation und Verbitterung.

Die Statuspanik
in der gesellschaftlichen Mitte

Demnach bildet Angst die Seelenwirklichkeit der mittleren Lagen in unserer Gesellschaft. Angst haben diejenigen, die was zu verlieren haben, die eine Ahnung davon besitzen, was passieren kann, wenn man die falsche Wahl trifft, die sich in ihrer Position auf der sozialen Leiter unsicher fühlen und die die Angst vor der Angst kennen. Das hieße aber andersherum: Wer nichts sein Eigen nennt, wer keine Wahl hat, wer sich sowieso im Dunkeln glaubt und wer nichts zu vererben hat, so jemand ist nicht von der Art von Angst beherrscht, die einen Schuld fühlen lässt, obwohl man völlig unschuldig ist. Die Angst, die von der Seligkeit der Unschuld umgeben ist, ist eine ganz andere als diejenige, die aus einem Schuldgefühl ohne ersichtlichen Grund resultiert. Geht es bei der ersten, dem Kinde eigenen, wie Kierkegaard meinte,[1] um die Suche nach dem Abenteuerlichen, dem Ungeheuren oder dem Rätselhaften, so ist die zweite deshalb so widersprüchlich, weil in ihrer augenscheinlichen Unnötigkeit und Überflüssigkeit gerade ihre furchtbare Wahrheit liegt: Es ist in der Tat die Angst vor nichts Bestimmtem und nichts Konkretem. Sie beruht auf der »ängstigenden Möglichkeit zu können«[2] und ist daher die Angst um sich selbst.

---

1 Kierkegaard, Der Begriff der Angst, S. 37.
2 Ebenda, S. 39.

Ist diese Art der Angst folglich ein Luxusproblem, das Gesellschaften dann ereilt, wenn es den Leuten besser geht, wenn sich einer verbreiterten Mitte mehr Lebenschancen bieten und wenn relativ privilegierte Gruppen über genug Zeit verfügen, sich Gedanken um die eigene Person und ihre Stellung in der Welt zu machen? Natürlich nicht. Der Gedanke, dass einen materieller Druck und soziale Abgeschiedenheit vor der Angst der Hypernervösen und Hochgesicherten schützt, gehört seit Leo Tolstoi oder John Ruskin zu den Traumbildern vom erlösenden »einfachen Leben«, die aus der Welt der Mittelklasse stammen, die aber mit der Wirklichkeit von Unterklassenängsten wenig zu tun haben.

Aber warum ist die Welt der Mittelkassen von heute eine Welt der Angst? Als Ergebnis einer langen Periode von Friedenserhaltung, Wohlstandsmehrung und Sicherheitsgewährung nach dem Zweiten Weltkrieg ist die Mitte in allen Gesellschaften der OECD-Welt doch eine Zone des zivilisatorischen Komforts, der sozialen Abgesichertheit und der persönlichen Entwicklung geworden. Jedenfalls gemessen an den Klassengesellschaften aus der ersten Hälfte des zwanzigsten Jahrhunderts, in der der Bourgeois und der Proletarier, der Arbeiter und der Angestellte, die Mittelschicht und die Unterschichten sich noch ziemlich schroff und fremd gegenüberstanden und für alle eine große Ungewissheit darüber bestand, wie sich der Klassenkonflikt entwickeln würde. Deshalb haben die Totalitarismen des zwanzigsten Jahrhunderts durch Makrogewalt und Alltagsterror hier eine Gewissheit schaffen wollen, die die Angst vor der Zukunft des gesellschaftlichen Konflikts bannen sollte.

Heute ist der schwelende Klassenkonflikt kein Thema

mehr.³ Die gesellschaftliche Mitte wird von der »wesenlosen Nicht-Klasse« der Angestellten, wie Ulrike Berger und Claus Offe 1984 in teils wehmütiger, teils erleichterter Erinnerung an die untergegangene Welt des Klassenkonflikts formulierten,⁴ beherrscht. Dabei muss man nicht allein an die klassischen Angestellten männlichen und weiblichen Geschlechts denken, die als »Unteroffiziere des Kapitals«, wie Siegfried Kracauer diese sozialen Eunuchen in seinem Klassiker der Sozialreportage von 1929 genannt hat,⁵ in der Bürowelt fürs Abrechnungs-, Transport- und Reklamationswesen und in den Abteilungen für Arbeitsgestaltung, Betriebsorganisation und Unternehmensentwicklung ihren Dienst tun; in Gesellschaften unserer Art gehören die Ingenieure und Techniker in den Forschungs- und Entwicklungszentren und vor allem die Facharbeiter und Facharbeiterinnen in der exportorientierten Hochproduktivitätsökonomie des Automobil-, des Werkzeugmaschinen- und des Anlagebaus unbedingt dazu. Zur Mitte sind natürlich noch die mittleren und höheren Beamten in den

---

3 Der soziale Aufstieg großer Bevölkerungsteile nach 1945 ist eine Tatsache, die man nicht vergessen darf. Mitte der 1920er Jahre konnte man, wenn man den »alten« und den »neuen Mittelstand« nach Theodor Geiger zusammenrechnet, rund ein Drittel der Bevölkerung in Deutschland zur Mittelschicht zählen (Geiger, Die soziale Schichtung), in den 1960er Jahren waren, obere, mittlere und untere Mitte nach Karl-Martin Bolte u. a. (Soziale Schichtung) zusammengenommen, in der Bundesrepublik nahezu die Hälfte der Bundesbürger Bewohner der mittelständischen Komfortzone. So jedenfalls Stefan Hradil, Soziale Ungleichheit in Deutschland, S. 365 und 357.
4 Berger/Offe, »Das Rationalisierungsdilemma der Angestelltenarbeit,« S. 271–290.
5 Kracauer, Die Angestellten, S. 12.

Staatsapparaten und die Freiberufler der Finanzdienstleistung, der Gesundheitserhaltung und der Rechtsdurchsetzung zu rechnen. Also ein vielgestaltiges Ensemble von hoch qualifizierten und produktiv tätigen Beschäftigten und Selbstständigen, die die Masse der Steuern aufbringen, die die Vertiefung ihrer Anrechte durch den Wohlfahrtsstaat betreiben, die ihre Stimme im Wahlvolk zu Gehör bringen – und auf die die Werbung für die langlebigen Komfortgüter wie ökologisch einwandfreie Automobile, Stilsicherheit ausstrahlende Wohnungseinrichtungen oder alters- und familienphasengerechte Ferienreisen ausgerichtet ist. Man ist an Versorgung im Alter, Zuwachs an Einkommen in der Lebensmitte, Lernen für die Zukunft und Vererbung in der Generationenfolge interessiert.[6] Die Selbsttechnologie[7] von Eigenverantwortung, Selbstständigkeitsstreben und Zeitautonomie versteht sich von selbst.

Dies ist die stilbildende und machtgestützte »Mehrheitsklasse« unserer Gesellschaft, die Ralf Dahrendorf zufolge aus Personen besteht, »die dazugehören und daher hoffen können, viele ihrer Lebensabsichten ohne grundlegende Veränderungen bestehender Strukturen zu verwirklichen.«[8] Warum sollte ausgerechnet unter den Angehörigen dieser Mehrheitsklasse heute eine Stimmung der Angst grassieren? Stimmt etwas an dieser Aussage nicht mehr? Bildet die

---

6 Siehe zu dieser sozialen Physiognomie Mau, Lebenschancen.
7 Das ist ein treffender Ausdruck von Michel Foucault, Der Wille zum Wissen, der darauf abhebt, dass das mittelständische Selbst erhebliche Anstrengungen unternimmt, um nach Maßgabe gewisser ästhetischer Werte und gewisser Stilkriterien zu dem zu werden, was es sein will.
8 Dahrendorf, Der moderne soziale Konflikt, S. 169.

Mehrheitsklasse keine Mehrheit mehr? Oder passen deren individuellen Lebensabsichten und die bestehenden gesellschaftlichen Strukturen nicht mehr zusammen? Wovor haben Menschen Angst, auf deren Lebenszuschnitt doch das ganze gesellschaftliche System abgestimmt ist?

Die Öffentlichkeit wird mit alarmierenden Meldungen versorgt, die besagen, dass die Mitte, was die mittleren Einkommen betrifft, schrumpft, dass sie von einem gefräßigen Staat durch Steuern und Abgaben ausgeplündert wird oder dass sie sich über ihre prekäre Lage zwischen einer kleinen Schicht hoher und einer großen geringer Besitzstände selbst betrügt. Solche Meldungen sorgen naturgemäß für momentane mediale Aufregung, lassen sich freilich bei genauem Hinsehen so nicht bestätigen.[9] Als ganzer Block ist die gesellschaftliche Mitte in Deutschland relativ stabil, weitgehend gesichert und nach wie vor eine Quelle von wirtschaftlicher Dynamik und ein Anker des sozialen Zusammenhalts. Anders ist die dynamische Fortentwicklung des um die Mitte zentrierten Parteiensystems, der weitgehend akzeptierte Umbau des Sozialstaats, aber auch die erstaunliche globale Konkurrenzfähigkeit der vielen »hidden champions« aus dem industriellen Mittelstand und schließlich die enorme Bereitschaft fürs ehrenamtliche Engage-

---

9 Man vergleiche dazu die Momentaufnahme von Grabka/Frick, »Schrumpfende Mittelschicht«, S. 101–108, mit der Langfristeinschätzung von Groh-Samberg/Hertel, »Abstieg aus der Mitte?«, S. 138–157; die Beschwerdeschrift von Beise, Die Ausplünderung der Mittelschicht, mit der Gesamtdeutung von Mau, Lebenschancen; oder das Aufklärungstraktat von Hermann, Hurra, wir dürfen zahlen, mit dem Lagebericht der Herbert-Quandt-Stiftung (Hg.), Zwischen Erosion und Erneuerung.

ment in Deutschland nicht zu erklären. Die Grünen, der »aktivierende Sozialstaat«, die weltweit agierenden Mittelständler und die bunte Zivilgesellschaft kennzeichnen die deutsche Gesellschaft im 21. Jahrhundert. Das kommt alles aus den westdeutschen und zunehmend auch aus den ostdeutschen Mittelklassen und grundiert das Modell Deutschland einer sozialen Marktwirtschaft.

Allerdings befinden wir uns in Deutschland damit augenscheinlich auf einer Insel der Seligen. Um uns herum, sei es in Frankreich, in Großbritannien, in den Niederlanden, in Italien oder in Spanien – ganz zu schweigen von den USA oder von Russland –, scheint die Mitte der Gesellschaft in Auflösung begriffen zu sein. Es gibt in allen diesen Ländern Gruppen, die aufgrund der Veränderungen in den Wertschöpfungspräferenzen während der letzten dreißig Jahre des »Neoliberalismus« erheblich dazugewonnen und dadurch die über eine lange Periode der Umverteilung und des Ausgleichs konsolidierten Verhältnisse in der gesellschaftlichen Mitte durcheinandergewirbelt haben. In Gegenden, in denen in den 1930er oder in den 1950er Jahren mit Mitteln eines öffentlichen Wohnungsbaus Reihenhäuser für Familien aus der unteren Mittelschicht errichtet worden waren, wurden seit den 1990er Jahren überall Wände durchbrochen und Dächer ausgebaut, um offene, luftige und helle Räume für das Klientel einer »kreativen Klasse« zu schaffen. Wo einst aufstrebende, aber nicht besonders wohlhabende Familien lebten, zogen jetzt die »Young Urban Professionals« aus der Finanz-, der Mode-, der Kunst-, der Beratungs- und der Internetwelt ein.

Wer von den ursprünglichen Bewohnern sich nicht von dem unglaublichen Boom der Immobilienpreise verführen ließ, rieb sich beim Blick aus dem Fenster die Augen über all die Blumenlieferanten, Paketboten, Fitnesstrainer, Putzfrauen, Küchenbauer und Yogalehrer, die in den Häusern der Zugezogenen verschwanden. Man findet überall auf der Welt diese smarten und cleveren Typen, die mit Allradantrieb, Mountainbike, Slow Food und reicher Kinderzahl vorführen, wie man nimmt, was die neuen Zeiten bieten, und sich über jene, die zurückbleiben, wenig Sorgen machen. Ralf Dahrendorf hat sie die neue globale Klasse mit den drei K von Kompetenzen, Kontakten und Konzepten genannt, die die Krise als Chance begreifen und die Gelegenheiten des Strukturbruchs ohne schlechtes Gewissen nutzen.[10] Sie sind mehr in den »priority spaces« der internationalen Flughäfen zu Hause als in irgendeinem Vaterland, sie sprechen Englisch so gut wie ihre Muttersprache und erkennen trotz abendlicher Depressionen vor der Minibar auf ihrem Hotelzimmer zur Globalisierung von Wirtschaft, Recht, Politik und Sport keine Alternative.

Man findet sie natürlich auch in Deutschland als Erfinder von Internetkaufhäusern, als Partner von Law Firms oder als Gründer von Marketingagenturen. Diese Zeitgenossen muss man nicht mögen, aber zu behaupten, sie seien die Totengräber der deutschen Mittelklassengesellschaft, klingt ziemlich überzogen. Man könnte sogar meinen, dass sich diese geradezu im Gegenteil durch die neuen Figuren des unternehmerischen Aktivismus mit frischen Energien und anderen Gedanken aufgeladen hat. Wie sich sogar ein Beruf des »alten Mittelstandes« durch Aufgeschlossenheit für verfeinerte Methoden der Produktion, andere Nuancen des

---

10 Dahrendorf, »Die globale Klasse«, S. 1057–1068.

Geschmacks und neue Strategien der Werbung völlig neu erfinden kann, lehrt das Beispiel der Winzer. Es sind gerade die männlichen und bemerkensweiterweise weiblichen Nachfolger hergebrachter Familienbetriebe, die aufgrund von Weltkenntnis, Experimentierbereitschaft und Handwerkskunst beim »deutschen Wein« eine regelrechte Qualitäts- und Prestigerevolution bewirkt haben. Dass bekannte englische Weinkritiker beispielsweise den Riesling aus dem Rheingau mittlerweile zu den besten Weißweinen der Welt zählen, kann man getrost als Beleg für die fortgeschrittene kulinarische Zivilisierung des Landes ansehen.

Gleichwohl ist nicht von der Hand zu weisen, dass auch in Deutschland Spaltungstendenzen in der gesellschaftliche Mitte zu erkennen sind. Das hängt zunächst, wie überall, mit der Veränderung von Beschäftigungsrisiken und Statuschancen zusammen. Ingenieure, ob von renommierten Technischen Universitäten oder von weniger bekannten Fachhochschulen, brauchen sich über die Situation auf dem Arbeitsmarkt keine Gedanken zu machen. Die Branchen, die sich als Ausrüster der Weltwirtschaft behaupten, warten auf jeden von ihnen. Anders sieht die Lage in Bezug auf die Versicherungsbranche und auf das Bankengewerbe aus. Dort geht die Beschäftigung insgesamt unaufhaltsam zurück – wobei vor allem der Anteil von Führungskräften beträchtlich sinkt, während die Spezialisten in den Mathematikabteilungen zunehmend an Bedeutung gewinnen. Der gestandene Jurist oder Betriebswirt, der seine Position noch behauptet hat, muss sich von einer jungen Mathematikerin, die sich im Gewerbe überhaupt nicht auskennt, sagen lassen, welches Finanzprodukt auf dem Markt eine Zukunft und welches keine Zukunft mehr hat. Hier ist also nicht allein Beschäftigung knapp, sondern auch Status prekär geworden. In diesem Fall passt daher das Wort von der Angst, die langsam die Bürotürme hochklettert.[11]

Dieses Gefühl prekärer Privilegiertheit teilen die leitenden Angestellten aus dem Versicherungs- und dem Bankenbereich mit den führenden Zeitungsjournalisten, die glauben, in einem Gewerbe tätig zu sein, das dem Untergang geweiht ist. Das Netz hat ihnen das Informationsprivileg genommen, die aus dem Boden sprießenden Gratiszeitungen nehmen ihnen laufend Käufer weg, und im Magazinjournalismus, der mit gut erzählten Geschichten und kunstvoll arrangierten Bildern prosperiert, ist nur noch Platz für wenige.

Zudem haben sich seit der Jahrhundertwende große Einkommensunterschiede zwischen den verschiedenen Berufsgruppen in der gesellschaftlichen Mitte ergeben. Ein überproportionaler Zuwachs war zwischen 2000 und 2005 bei den Freiberuflern mit bis zu neun Mitarbeitern zu verzeichnen, während bei den gehobenen und höheren Beamten sowie bei den höheren und leitenden Angestellten das Nettoeinkommen ungefähr gleich blieb. Allerdings büßten die freiberuflich Tätigen ohne Mitarbeiter in diesem Zeitraum erheblich in ihrem Einkommen ein. Unternehmerische Aktivitäten zahlen sich augenscheinlich also nicht immer aus.[12]

Insgesamt geht es bei den Einkommen in der gesellschaftlichen Mitte insofern nicht weiter nach oben, als Auf-

---

11 Hradil/Schmidt, »Angst und Chancen«, S. 203.
12 Hradil und Schmidt haben dafür die Daten des SOEP zugrunde gelegt, ebenda, S. 208.

stiege in den Bereich der Besserverdienenden ab- und Abstiege in die Bereiche der Mittelverdienenden zugenommen haben. Allerdings haben sich besonders für die Besserverdienenden zum Teil ansehnlich wachsende Bruttoeinkünfte wegen der zugleich steigenden Beträge für Steuern und Abgaben nicht unbedingt in fühlbaren Einkommensverbesserungen niedergeschlagen. Für diese Gruppe hat die Differenz zwischen Brutto- und Nettoeinkommen erheblich stärker als im gesellschaftlichen Durchschnitt zugenommen, weshalb deren generelle Zufriedenheit immer von einem Schuss Ärger getrübt ist. Sie unterschreiben sofort, dass der Ehrliche der Dumme ist. Steuern jedenfalls, so glauben sie, zahlen sie genug.[13]

Diese aufs verfügbare Einkommen bezogenen Daten belegen eine Zunahme von prekären Lagen und vulnerablen Karrieren in der gesellschaftlichen Mitte. Wer etwas wagt, muss noch nicht gewinnen. Der Schwellenwert liegt bei den neun Mitarbeitern, die man zur Verwirklichung der eigenen Geschäftsidee eingestellt hat. Die Zahlen sagen nichts darüber, ob das im verarbeitenden Gewerbe oder im Handwerk besser gelingt als in den Dienstleistungsbranchen des Beratens, Organisierens, Lehrens, Entwickelns oder Gestaltens, aber wer nur für sich allein durchkommen will, hat oft das Nachsehen.

Die freiberuflich Tätigen ohne Mitarbeiter sind zumeist im Schatten des Wohlfahrtsstaats als Bildungs-, Beratungs- oder sonstige Sozialhilfskräfte auf Honorarbasis tätig. Sie

---

[13] Auf die Renitenzverstärkung durch die damit verbundene Erwartungsenttäuschung der Besserverdienenden weist Herfried Münkler, Mitte und Maß, S. 51 ff., hin.

hangeln sich an »Befristungsketten«[14] entlang oder schreiben immer neue Projektanträge. Sie besitzen in der Regel eine akademische Qualifikation und haben sich aus Not oder Neigung für die Existenzsicherung durch Entrepreneurship entschieden. Man muss sich einen Familienhelfer mit abgeschlossenem Pädagogikstudium oder eine Mediatorin mit juristischem Staatsexamen vorstellen, die sich als Solounternehmer in großstädtischen Verhältnissen durchschlagen. Von ihren erfolgreichen Altersgenossen, die eine florierende Praxis für das Coaching von Hochschulabsolventen oder ein großes Büro für Projektsteuerung von Baugemeinschaften betreiben, unterscheidet sie weder die Höhe des Bildungsabschlusses noch die Lust am Entwickeln und Gestalten, sondern einzig, dass sie aufs falsche Pferd gesetzt haben. Es gibt auch in Deutschland Heerscharen von ausgebildeten Architekten, die noch nie in ihrem Beruf Geld verdient haben, nicht so wenige examinierte Apotheker, die mit ihrem Geschäft Pleite gegangen sind, und eine erhebliche, aber schwer zu beziffernde Anzahl von Universalanwälten, die sich in Freiburg, Berlin oder Wismar mit Allerweltsvorgängen so gerade über Wasser halten. Das Deutsche Institut für Wirtschaftsforschung hat aufgrund von regelmäßigen Befragungen im Rahmen des »Sozioökonomischen Panels« Anfang 2014 in Erfahrung gebracht, dass ein Viertel aller 4,4 Millionen Selbstständigen in Deutschland Stundenlöhne von weniger als 8,50 Euro haben.[15] Darunter sind nicht nur Friseure, Kiosk-

---

14 Siehe insgesamt Diewald/Sill, »Mehr Risiken, mehr Chancen?«, S. 39–62.
15 Plickert, »Jeder vierte Selbständige verdient kümmerlich«, S. 17.

besitzer und Kneipiers, sondern eben auch Anwälte, Architekten, freischaffende Künstler, Übersetzer und Dozenten. An Vorsorge für Krankheit oder Alter ist bei diesen Einkünften kaum zu denken. Hier konzentriert sich die »Angst vor Mindereinschätzung«, die der bereits erwähnte Theodor Geiger in seinem berühmten Artikel aus dem Jahre 1930 als Grund für die »Panik im Mittelstand« angesehen hat.[16] Ärger, Hass und Ressentiment resultieren aus der Sorge, nicht den sozialen Rang zuerkannt zu bekommen, die einem aufgrund von Ausbildung und Qualifikation eigentlich zusteht. Dieser Anspruch wird umso hartnäckiger vertreten, je weniger die derzeitige soziale und wirtschaftliche Lebenslage dem als legitim erachteten Geltungsbedürfnis genügt.

Heute spricht man in diesen Fällen von Formen des »prekären Wohlstands«[17] in der Mitte unserer Gesellschaft, von dem Leute betroffen sind, die genauso gut im saturierten oberen Teil der Mittelklasse gelandet sein könnten. Das »Selbstgestaltungspotenzial«, von dem die soziologische Individualisierungstheorie spricht,[18] kann positiv und negativ wirken. Man macht sein Ding und kann auf der Erfahrung aufbauen, dass Einsatz und Wagemut sich lohnen, oder man ist im Blick von Freunden und Bekannten

---

16 Geiger, »Panik im Mittelstand«, S. 637–654.
17 Siehe zu diesem Konzept die aus den 1990er Jahren stammende Untersuchung der Caritas von Hübinger, Prekärer Wohlstand, der damit ursprünglich Facharbeiter, kleine Angestellte und Beamte im einfachen Dienst – und zwar männlichen und weiblichen Geschlechts – im Blick hatte.
18 Beck, Risikogesellschaft, S. 120 ff.

der Loser, der an seinen Ansprüchen gescheitert ist, oder die Unglückliche, die zwischen Familien und Beruf nicht die richtige Balance gefunden hat. Heute schützt einen selbst ein medizinisches Staatsexamen oder der einstmals so honorige Dr. phil. nicht davor, in eine bedrängte Lage zu geraten und in seiner durch Bildung, Einkommen und Beruf definierten Welt der Wertschätzung den Anschluss zu verlieren. Es gibt vermehrt Bildungsverlierer aus bildungsreichen Milieus und Berufsversager aus Aufsteigerfamilien. Den Sunnyboy aus dem Studium und die Angebetete aus dem Referendariat trifft man nach zwanzig Jahren als zynischen Trinker oder erschöpfte Alleinerziehende wieder. Solche Geschichten sind nicht aus der Luft gegriffen. Sie gehören zur Atmosphäre der Angst in der deutschen Mittelklasse, die sich wie ein leises Rauschen[19] unmerklich, aber trotzdem unleugbar ausbreitet.

Aber beruht diese Angst nicht auf der irrigen Erwartung einer eindeutigen und durchgehenden Prosperität und Respektabilität der mittleren Schichten unserer Gesellschaft? Wo steht geschrieben, dass bei gleichen Voraussetzungen gleiche Ergebnisse herauskommen? Wer aus der Mitte unserer Gesellschaft muss wirklich Sorge haben, in eine Armutsspirale zu geraten und im sozialen Abseits zu landen? In einer meritokratischen Gesellschaft ist die andere Seite des sozialen Aufstiegs der soziale Abstieg. Dabei geben naturgemäß persönliche Eigenschaften, die nicht in sozialen Mitgiften aufgehen, den Ausschlag. Sonst hätte der Wettbewerb um begehrte Positionen keinen Sinn. Wenn es kein

---

[19] Die Metapher stammt von Annette Pehnt, Lexikon der Angst, S. 107.

Scheitern geben kann, ist auch der Erfolg nichts wert. Darüber muss man in der gesellschaftlichen Mitte nicht streiten.

Der Grund für die Angst liegt im Orientierungsverlust. Die Einzelnen fühlen sich trotz guter Polster und gediegener Zertifikate heute deshalb schutzloser und verwundbarer, weil der organische Zusammenhang von Autonomiestreben und Gemeinschaftsbindung zerbrochen zu sein scheint. Wenn Lokomotivführer sich bei ihren Gehaltsforderungen mit Flugkapitänen und nicht mehr mit den Zugbegleitern, mit denen sie eine Betriebsgemeinschaft im ICE bilden, vergleichen,[20] dann hat die individuelle Vorteilsgewinnung über die kollektive Kooperationsverpflichtung gesiegt. Die Zeiten, in denen individuelle Tüchtigkeit und gemeinschaftliche Bindung in der Mentalität der Mitte zusammengehörten, sind offensichtlich vorbei. Die Leistungsindividualisten,[21] die auf Gewerkschaften und Parteien schimpfen und den Staat in der Hand von Beutepolitikern sehen, hat es zwar immer schon gegeben, nur erscheint man heute als jemand, der eine Politik der Umverteilung bejaht und für den Ausgleich der Interessen eintritt, bestenfalls als nostalgisch, meistens jedoch als naiv oder

---

20 Gemeint ist hier der von der Gewerkschaft Deutscher Lokomotivführer organisierte Streik von 2007. Dazu etwa Kalass, Neue Gewerkschaftskonkurrenz im Bahnwesen.

21 Nach der von der Friedrich-Ebert-Stiftung in Auftrag gegebenen Untersuchung »Gesellschaft im Reformprozess« gibt es davon 11 Prozent in Deutschland – bemerkenswerterweise 15 Prozent im Osten und nur 10 Prozent im Westen. Siehe Neugebauer, Politische Milieus in Deutschland.

verbohrt. Hier deutet sich nicht allein eine Ausdifferenzierung, sondern schärfer: ein Auseinanderdriften von Milieus in der gesellschaftlichen Mitte Deutschlands an. Das Aufwärtsstreben geht, weil es für einzelne Gruppen mehr zu holen, aber insgesamt weniger zu verteilen gibt, mehr gegeneinander als miteinander. Kleinbürgerliche Traditionalisten, kompetente Arbeitnehmer, moderne Bürgerliche, kreative Individualisten, dynamische Migrationsgewinner und konservative Bildungsbürger haben sich anscheinend kaum mehr was zu sagen. Man beäugt sich skeptisch und missgünstig und fühlt sich dabei selbst doch nicht wohl in seiner Haut. Die Fronten wechseln schnell, und die Koalitionen drehen sich im Wind – was jeweils mit Bildungsunterschieden, Generationsdifferenzen, regionalen Abgrenzungen, Verschiebungen in der Hierarchie der Branchen, Altersstufendivergenzen, Beziehungen der Abstammungsgemeinschaften und mit dem Wandel der Geschlechtscharaktere einhergeht. Die Fragen lauten immer: Wer fühlt sich geprellt, wer begehrt, wer soll ein Opfer bringen, wer unterstützt werden, wer steht an der Spitze, wer bildet die Nachhut von erhofften, befürchteten, unvorhergesehenen und unabsehbaren gesellschaftlichen Entwicklungen? Es fehlt ein unausgesprochenes Leitbild, das im Blick auf ungewisse Zukünfte zwischen den verschiedenen sozialmoralischen Milieus der Mitte vermittelnd, überbrückend oder ausgleichend wirken könnte.[22]

Das Einzige, was diese aufeinander bezogenen und gegeneinandergestellten Milieus der Mitte teilen, ist ein ru-

---

22 In diesem Sinne auch Hradil/Schmidt, »Angst und Chancen«, S. 214.

morendes Empfinden der Bedrohtheit ihres überkommenen, erreichten oder behaupteten sozialen Status. Wer sich heute in Deutschland in der gesellschaftlichen Mitte verortet, glaubt zwar nicht, wenn er oder sie sich bei Freunden und Bekannten, Nachbarn und Kollegen umschaut, dass die Mitte schrumpft; aber auch nicht, dass sie noch weiter wächst. Selbst türkisch-, vietnamesisch- oder indischstämmige Deutsche, die als Unternehmer, Ärzte und Ingenieure in der Mitte der Gesellschaft Fuß gefasst haben, sehen die Mittelklasse eher in ihren Abstammungsländern als in Deutschland wachsen, weshalb der Gedanke einer Rückkehr, auch wenn man hier geboren und aufgewachsen ist, nicht völlig ausgeschlossen ist.

Es drängt sich überhaupt der Eindruck auf, dass die globale Mittelklasse vor allem wegen der wirtschaftlichen Dynamik, des Aufstiegshungers und der demografischen Reserven in den »Schwellenländern« (Brasilien, Indien, China oder Südafrika) als Motor für wirtschaftliche Produktivitätssteigerung, wohlfahrtsstaatliche Anrechtserweiterung und sozialmoralische Sensibilitätsentfaltung die Welt erobert. Bei Zugrundelegung eines Jahreseinkommens zwischen 60 000 und 30 000 Dollar wird von einer Bank wie Goldman Sachs damit gerechnet, dass in Asien und Lateinamerika schon bald mehr Angehörige dieser mittleren Einkommenslagen leben als in den G7-Ländern USA, Japan, Deutschland, Großbritannien, Frankreich, Kanada, Italien. Weltweit wächst die Mittelschicht um etwa 80 Millionen Menschen im Jahr, sodass bis 2030 ihr Anteil von jetzt 29 auf 50 Prozent der Weltbevölkerung ansteigt. Unter Berücksichtigung des demografischen Wandels wird China dann 18 Prozent (heute 4 Prozent) und Deutschland nur noch zwei Prozent dieser Kategorie (heute sechs Prozent) stellen.[23]

Anderswo explodiert die Mitte, in Europa und Deutschland hat die Entwicklung der mittelständischen Nivellierung nach 1945 offenbar ihren Höhepunkt erreicht. Die gesellschaftliche Mitte kann hierzulande angesichts dieser Verhältnisse nicht länger auf Expansion, sie muss auf Konsolidierung eingestellt ein. Zwar wächst der Außenhandel Jahr für Jahr, zwar wird deutsches Know-how gerade von den aufstrebenden Ländern hoch geschätzt und kräftig nachgefragt, zwar ist Deutschland aus der Krise von 2008 als die vielleicht stärkste Volkswirtschaft der gesamten OECD-Welt hervorgegangen, aber trotzdem muss man zur Kenntnis nehmen, dass darauf nicht ewig zu hoffen ist. Die Stimmung des Defensiven, Zurückhaltenden und Pragmatischen in den deutschen Mittelschichten passt zu der Einsicht, dass die globale Situation durch eine Konstellation mit neuen Schwerpunktbildungen und anderen Abhängigkeitsbeziehungen gekennzeichnet ist. Da wird gesellschaftliche Ungleichheit schon deshalb zu einem beherrschenden Thema, weil überall auf dem Spiel steht, wer die Nase vorn hat, wer ins Hintertreffen gerät und wer als »graue Eminenz« aufgrund von gereiftem Können und überlegenem Wissen für Ruhe sorgen kann.

Das ist die Problematik der Angst in der gesellschaftlichen Mitte von heute. Man sieht sich einer offenen globalen Situation ausgesetzt, in der die pfadabhängigen Erfah-

---

23 Dominik Wilson und Racula Dragusanu, »The Expanding Middle: The Exploding Word Middle Class and Falling Global Inequality«, zitiert nach Mau, Lebenschancen, S. 64.

rungen eines Landes sich den weltweit miteinander konkurrierenden »best practices« stellen müssen. Wen interessiert der Leistungsfanatismus im »Wirtschaftswunder«, die Errungenschaften des Wertewandels und der Individualisierung, das Erlebnis des Mauerfalls oder die Bilanz der deutschen Einheit, wenn »Made in Germany« auf den globalen Märkten für Automobile, Werkzeugmaschinen, Smartphones, medizintechnische Geräte, Kehrmaschinen, Internethandel oder Big Data nicht mehr zieht? Es ist das Empfinden einer grundstürzenden Dezentrierung, das alle Milieus der Mitte auch in Deutschland beschleicht und bedrückt.

Das Signalthema dieser Angst ist die Bildung.[24] Es geht um die vielen Familien aus der gesellschaftlichen Mitte, die trotz der erheblichen Anstrengungen, die das deutsche Bildungssystem seit dem »PISA-Schock« vom Beginn des Jahrhunderts unternommen hat, nach wie vor der Auffassung sind, dass ihre Kinder im öffentlichen Bildungssystem nicht gut aufgehoben sind. Die Einführung verpflichtender Qualitätsstandards, die Experimentierung mit jahrgangsübergreifenden Lerngruppen und kooperativen Lernprojekten, die Flexibilisierung von Lernzeiten auf dem Weg zum Abitur sowie vor allem die weitgehende Abschaffung der Hauptschulen können sie nicht davon überzeugen, dass sie ihre Kinder, so wie es ihre Eltern getan haben, einfach auf die nächst gelegene Grundschule oder auf das mühelos erreichbare Gymnasium vor Ort schicken können. Wo das soziale Miteinander nach Maßgabe der erweiterten Inklusionskriterien groß geschrieben wird, fehlt es womöglich

---

24 Zum Folgenden Bude, Bildungspanik.

an mathematischer Förderung; wo mathematische und naturwissenschaftliche Bildung im Vordergrund steht, wird wahrscheinlich die musische Seite des Bildungsprozesses vernachlässigt; wo von Anfang an in Deutsch und Englisch unterrichtet wird, kommt unter Umständen die Vermittlung von Werten zu kurz. Im Gefolge der internationalen Vergleichsstudien wie PISA, TIMUSS oder IGLU, die die pädagogische Leistungsfähigkeit und die soziale Durchlässigkeit der Bildungssysteme in der OECD-Welt unter die Lupe genommen haben, ist eine Sprache der Kompetenzen entstanden, die vorgibt, worauf es ankommt: Wo wird mein Kind kognitiv und kommunikativ, mental und motivational, emotional und expressiv stark gemacht für eine ungewisse Zukunft in einer unübersichtlichen Welt?

So machen sich die gut informierten Mittelstandseltern mit gehobenen Bildungsabschlüssen, die nur das Beste für ihr Kind wollen, selbst verrückt. Die zurate gezogenen Erziehungsexperten, Bildungscoaches und Gesprächstherapeuten warten mit einer zwiespältigen Botschaft auf, die niemandem weiterhilft: Man soll der Entwicklungsfähigkeit seiner eigenen Kinder, nicht aber der Vermittlungsfähigkeit der normalen Schulen vertrauen. So fühlen sich die kritisch gestimmten, aber auf Bestärkung und Unterstützung angewiesenen Eltern bei den Fragen nach dem richtigen Kindergarten, der richtigen Grundschule, der richtigen weiterführenden Schule und der richtigen Universität allein gelassen. Man will sich weder rassistisch noch elitistisch gebärden, aber wenn der Eindruck entsteht, dass bei bildungspolitischen Maßnahmen die eigenen Kinder als soziale Kittmasse und motivationales Auffüllmaterial für Kinder aus Familien herhalten sollen, bei denen die Eltern wenig geneigt scheinen, sich für die Bildung und das Fortkommen ihrer Kinder einzusetzen, dann geraten sie leicht in Rage über das angemaßte Wissen von Bildungsverwaltungen und Schulbehörden.

Dafür sind besonders die Gewinner der Bildungsexpansion der 1980er und 1990er Jahre anfällig, die das, was sie als Familie erreicht haben und wohin sie als Einzelne gekommen sind, durch abgehängte Migrationsverlierer und motivationsschwache Unterprivilegierte gefährdet sehen. Wenn heute rund die Hälfte aller Kinder, die in Deutschland eingeschult werden, aus Familien mit Zuwanderungsgeschichte kommen, kann nicht mehr so wichtig sein, wo die Elternteile der Kinder geboren sind, mit denen die eigenen Kinder in der Schule aufwachsen, sondern ob deren Umgangsformen, Bildungsvorstellungen und Wertauffassungen mit den eigenen vereinbar sind. Die ganz normalen Mittelschichteltern, ob sie nun biodeutsch sind oder einen Migrationshintergrund aufweisen, fliehen Schulen, auf denen man eine Mehrheit von Kindern aus Elternhäuser vermutet, die nicht den gleichen Wert auf die Bildungsanstrengungen ihrer Kinder legen wie man selbst, und flüchten durch den Wechsel des Wohnorts oder durch die Wahl einer Privatschule in schulische Milieus, wo man sich unter Seinesgleichen wähnt. Eine untergründige sozialmoralische Ansteckungsangst sorgt dafür, dass gerade auf dem Feld der Bildung die Segregation nach Einwanderungsgruppen mehr und mehr durch die nach Statusgruppen ersetzt wird. Also die Tochter eines Ingenieurs und einer Zahnärztin aus Afghanistan wirft als Schulkameradin keine Fragen sozialer Passung auf, währenddessen man den Sohn eines Paketzustellers und einer Altenpflegerin, die aus dem Kosovo beziehungsweise aus Syrien stammen, nur dann mit gleicher Offenherzlichkeit begrüßt, wenn er sich als viel klüger, netter und charmanter entpuppt, als man ursprünglich erwartet hatte. Es ist dieser Unterschied in der Haltung, der einen Unterschied in der Rangordnung macht.

Am Thema der Bildung wird deutlich, dass Statusängste in erster Linie Zukunftsängste sind. Man sieht aufgrund von Mutmaßungen über das, was kommt, gefährdet, was man erworben hat und weitervererben will. Das gilt vor allem für soziale Positionen, deren Wertschätzung sich dem immateriellen Wert des Wissens und den symbolischen Gütern von Bedeutung verdanken.[25] Dahinter stehen die Berufe der unternehmensbezogenen Dienstleistungen von Organisation, Beratung, Rechtfertigung und Berechnung; die Berufe der Produktion von wertschöpfender Bedeutung wie Design, Kommunikation, Marketing und Werbung; ferner die Berufe lebenspraktischer Hilfe wie Ärzte, Rechtsanwälte, Therapeuten, Coaches und Mediatoren; schließlich die Berufe von Forschung und Entwicklung wie Ingenieure, Mathematiker, Softwareentwickler und Logistikplaner; und zuletzt die Berufe der System- und Gesellschaftsanalyse wie Analysten, Verhaltensforscher, Demografen, Kognitionspsychologen und Demoskopen.

Sie alle handeln mit Konzepten, Ratschlägen, Darstellungsweisen, Algorithmen, Daten und Visionen, die heute

---

25 Die beiden Bezugsautoren sind hier Reich, Die neue Weltwirtschaft, mit seinem Begriff der systemanalytischen Kompetenzen, und Bourdieu, Die feinen Unterschiede, mit seinem Begriff des Distinktionsgewinns.

Gold wert sind und morgen Schrott sein können. Der amerikanische Soziologe C. Wright Mills hat schon zu Beginn der 1950er Jahre in seinem Buch über die Klasse mit dem Weißen Kragen erkannt, dass sich die neue Mittelklasse der Gegenwartsgesellschaft aus Leuten zusammensetzt, die mit Wissensapplikation und Bedeutungsproduktion beschäftigt sind.[26] Sie bestreiten also ihren Lebensunterhalt und begründen ihren Rang mit dem privilegierten Zugang zu einer Wertquelle, die auf dem Kreislauf von Verwertung durch Entwertung beruht. Was man Innovation nennt, ist nichts anderes als die Andersverwendung von Vorhandenem und Gegebenem. Mit Dingen wie Kommunikation, die bisher gratis waren, kann man übers Netz plötzlich viel Geld verdienen, und Dinge wie Universallexika, die man bisher für wertvoll erachtet hat, sind durch Suchmaschinen mit einem Mal völlig wertlos geworden. Wer kennt noch Kodak, wer noch Nokia, und wer wird noch Dell und Apple kennen?

Mills hat die Paradoxie von Privilegiertheit und Verwundbarkeit als Merkmal dieses neuen symbolanalytischen und psychosozialen Mittelstandes herausgestellt und daraus die verdeckte Statuspanik seiner Mitglieder abgeleitet. Man weiß nicht, wie lange trägt, was einem ein auskömmliches Einkommen und gehobene Wertschätzung garantiert. Deshalb macht es einen verrückt, wenn die Weitergabe von Kultur, Wissen und Bedeutung wegen einer als Minderheit angesehenen Gruppe, die sich aus ganz unterschiedlichen Gründen vom Mainstream entkoppelt hat, auch noch in den Bildungsinstitutionen zur Disposition

---

26 Mills, White Collar.

steht. Welches Erbe hat man in der Generationenfolge weiterzugeben, wenn das nicht mehr gewährleistet ist? Die manifeste Bildungspanik ist der Ausdruck der latenten Statuspanik.

Alltägliche Kämpfe
auf der unteren Etage

Ist das ganze Angstgetue in der gesellschaftlichen Mitte nur Ausdruck von Feigheit, Larmoyanz und Verzagtheit? Wenn man solche soziologischen Konzepte wie das Sicherheitsparadox, welches besagt, dass die Empfindlichkeit für Unsicherheiten mit dem Ausmaß der Sicherheit wächst,[1] den Ceiling-Effekt, womit gemeint ist, dass die Decke für eine Entwicklung nach oben erreicht ist,[2] oder den Narzissmus der minimalen Differenzen, der kleine Unterschiede zur Grundlage für große Abstandsnahmen nimmt,[3] heranzieht, dann kommt man in der Tat zu dem Schluss, dass die Formen sozialer Angst die Begleiterscheinungen von gesellschaftlichen Lagen mit weitgehenden Versorgtheitsansprüchen und hohen Sicherheitsbedarfen darstellen. Je besser es einem geht, aber auch je unwahrscheinlicher eine weitere Steigerung des Lebensstandards ist und je ähnlicher sich die Lebenslagen werden, umso mehr Angst haben die Leute vor Verlust, Beschneidung und Zurücksetzung.

---

1 Etwa Evers/Nowotny, Über den Umgang mit Unsicherheit, oder Ewald, Der Vorsorgestaat, sowie als Beleg für heute Schöneck/Mau/Schupp, Gefühlte Unsicherheit.
2 Dieses Empfinden dokumentiert eine Allensbachumfrage, siehe Köcher, »Minenfeld Sozialpolitik«.
3 Dass in Welten der Ähnlichkeit sich die Einzigartigkeit auf kleinste Unterschiede stützt, ist ein Gedanke, der in der Soziologie seit Klassikern wie Thorstein Veblen oder Georg Simmel bekannt ist.

Aber was ist mit den Leuten in unserer Gesellschaft, für die das alles nicht gilt? Was fürchten jene, die auch im Himmel noch läuten müssen? Wie sieht die Angst der Unterklasse aus?

Die Geringverdiener sind in Deutschland heute kaum mehr in der Industrie, sondern hauptsächlich in der Dienstleistung beschäftigt.[4] In der Gebäudereinigung, bei der Paketzustellung, bei Sicherheitsfirmen, in der Pflege, in Gaststätten, in Frisörsalons, bei Billigläden sind rund 15 Prozent aller Beschäftigten tätig.[5] Das sind einfache Dienstleistungen, für die wenig bezahlt, aber viel verlangt wird. Wer bei einem privaten Paketzusteller seine Tour macht, ist sein eigener Logistiker, Fahrer, Schlepper und Kundenbetreuer. Abends muss der Wagen leer sein, egal, wie viele Treppen zu steigen waren, wie hoch die Antreffrate der Kunden war und wie schwer die Pakete waren.[6] In der Putzkolonne muss man den Takt halten, auch wenn nur noch sechs Minuten für die Reinigung eines Büros mit Fensterbankputzen, Papierkorbleerung und Nasswischen angesetzt sind. Als Pflegerin oder Pfleger hat man oft sterbende Menschen zu versorgen, für die ein freundlicher Morgengruß oder das

---

4 Die folgende Darstellung verdankt sich den beiden wichtigen neueren Untersuchungen zur Lage des »Dienstleistungsproletariats« in Deutschland von Friederike Bahl, Lebensmodelle in der Dienstleistungsgesellschaft, und Philipp Staab, Macht und Herrschaft in der Servicewelt.
5 Die Datenquelle für dieses Beschäftigungssegment ist Oesch, Redrawing the Class Map, S. 126.
6 Das schließt freilich nicht aus, dass Sendungen eine Woche unterwegs sind, weil sie aus unerklärlichen Gründen von einem zum anderen privaten Zusteller wandern.

Gefühl der Hand auf der Stirn den ganzen Tag verändert, während es aber hauptsächlich ums Heben und Setzen geht. Und eine Sommersaison als Serviererin auf Sylt ist ein Knochenjob.

Dafür verdient man von saisonalen Spitzenzeiten abgesehen im Durchschnitt 900 bis 1100 Euro netto im Monat. Mit solchen Einkommen kann man nur mit Aufstockungen nach den Hartz-IV-Gesetzen eine Familie ernähren oder das Lohnabstandsgebot zur Grundsicherung aufrechterhalten. Das Prinzip, dass man unter der Woche hart arbeitet, um sich am Wochenende oder später im Leben etwas leisten zu können, stimmt in diesen Fällen nicht. Das galt für die dreckigen Jobs in der Industrie, gilt aber nicht mehr für die aufreibenden in der Dienstleistung. Mit einfacher Dienstleistung kann man zurechtkommen, aber nicht so, dass man sich in der Freizeit für die Mühen der Arbeit entschädigen kann.

Es handelt sich um Wachstumsbranchen, weil die Haushalte immer mehr übers Internet bestellen, weil die Büroräume für die Wissens- und Dienstleistungsanbieter immer mehr werden, weil der Urlaub im eigenen Land besonders im Hochpreissegment immer attraktiver wird und weil der Anteil der Hochbetagten an der Bevölkerung unaufhörlich wächst.[7] Es gibt deshalb viel zu verdienen mit den einfachen Dienstleistungen. Nur lässt sich die Arbeit mit der

---

[7] Wiewohl man bei den Nachrichten über das Stellenwachstums in diesen Bereichen insofern vorsichtig sein muss, als viele neue Stellen sich aus dem Splitting vorhandener Stellen durch Verteilzeitlichung insbesondere für weibliche Erwerbstätige ergeben haben. Siehe Mayer-Ahuja, »Die Vorgeschichte der ›Ich-AG‹«, S. 604–609.

Hand hier kaum durch die Greifer eines Roboters ersetzen. Der Profitsteigerung durch technische Rationalisierung sind gerade bei den einfachen Dienstleistungen natürliche Grenzen gesetzt, zumal oft ein Lächeln auf dem Gesicht und eine humorige Bemerkung beim Abgang gefordert sind. Der amerikanische Ökonom William J. Baumol hat für diesen Tatbestand schon Ende der 1960er Jahre die Formel von der endemischen Kostenkrankheit der Dienstleistung geprägt.[8]

Mehr verdienen kann der Arbeitgeber daher nicht durch den Einsatz von Maschinen, sondern allein durch Druck auf Menschen. Das passiert in den Bereichen der einfachen Dienstleistung von oben durch die Chefs, die das Tempo diktieren, von unten durch die Jüngeren und Fitteren, die schneller die Treppen raufkommen, größere Ausdauer haben und noch keine Familie ernähren müssen, und von der Seite durch die Kolleginnen und Kollegen, die sich untereinander in ständigem Kampf um Entlastungsvorteile und Imagegewinne befinden. Es ist ein tagtäglicher Druck, der den Beschäftigten in der einfachen Dienstleistung im Nacken sitzt. Dem fühlt man sich gewappnet, wenn man jung und stark ist, davor bekommt man Angst, wenn man älter und schwächer wird.

Das geht in der Regel ganz schnell. Der Körper macht die Arbeit des Zustellens, Putzens, Pflegens, Bedienens und Verkaufens meistens nicht länger als zehn Jahre mit. Dann gehört man zum alten Eisen und muss sehen, wie man durchkommt. Dazu muss man wissen, dass das neue »Dienstleistungsproletariat« verglichen mit dem alten »In-

---

8 Baumol, »Macroeconomics of Unbalanced Growth«, S. 416–426.

dustrieproletariat« weiblicher, ethnisch heterogener und qualifikatorisch diffuser ist. Die Putzkolonne, der Pflegedienst, das Servicepersonal besteht zumeist aus Frauen, die aus aller Herren Länder kommen und über ganz unterschiedliche, in Deutschland oft nicht anerkannte Ausbildungsabschlüsse als höhere Verwaltungskraft, Lehrerin oder studierte Übersetzerin verfügen können. Nicht selten handelt es sich um europäische Pendelmigrantinnen, die zwar die meiste Zeit in Deutschland leben, sich aber nach wie vor als Moldawierin, Bulgarin oder Ukrainerin verstehen. Die meisten allerdings sind deutscher Herkunft und stammen aus der Nachkommenschaft der industriellen Arbeiterklasse.

Dazu kommen bei den Belegschaften der Sicherungsdienste, des Transports und der Gebäudereinigung Männer jenseits der 40, die früher im verarbeitenden Gewerbe oder im Bau tätig waren, und junge Männer mit und ohne Migrationshintergrund, die wegen fehlender oder schlechter Bildungsabschlüsse auf die »Jedermannsarbeitsmärkte« der einfachen Dienste angewiesen sind.[9]

Druck und Angst geht hier bei Frauen wie bei Männern über den Körper. Nach einer gesetzlichen Lohnerhöhung wird von der Reinigungsfirma nicht selten einfach die vorgegebene Arbeitszeit für ein bestimmtes Reinigungspensum gekürzt. Da muss man sich bei dem sehr geringem gewerkschaftlichen Organisationsgrad in den Branchen der

---

9 Oesch hat errechnet, dass insgesamt 62 Prozent der Beschäftigen in der einfachen Diensten weiblich und 80 Prozent in der gleichrangigen Industriearbeiterschaft männlich sind (siehe Oesch, Redrawing the Class Map, S. 88).

einfachen Dienstleistung[10] persönlich zur Wehr setzen können. Das fällt umso schwerer, je müder und ausgelaugter man sich fühlt. Aus Angst, herabgewürdigt und aussortiert zu werden, nimmt man die faktisch unbezahlt bleibende, durch neue Putzpläne aufgezwungene Mehrarbeit hin.

Die Objektleiter und Vorarbeiter geben mehr oder minder kalt die Vorgaben von oben weiter. Es ist unausgesprochen klar, dass es bei der Umsetzung auf die Cleverness des Einzelnen ankommt. Bei der Gebäudereinigung ist die Unterscheidung zwischen Sichtreinigung, Grundreinigung und Bedarfsreinigung der springende Punkt. Was wird als Reinigung sichtbar, wie gründlich muss eine gründliche Reinigung geschehen, wann ist überhaupt ein Reinigungsbedarf gegeben? Da muss man tricksen und täuschen, um überhaupt noch auf einen grünen Zweig zu kommen. Wenn sich jedoch ein Kunde beschwert, steht man schnell auf der Abschussliste. Es ist dann weniger die Tatsache des Pfusches selbst, weil alle wissen, dass ohne Pfusch nichts geht, als die Art und Weise, wie die verantwortliche Person auf die reklamierte Nachlässigkeit reagiert, was den Ausschlag gibt. Hat man die Kraft zu widerstehen, lässt man sich vom Vorarbeiter einmachen, oder schmeißt man gleich die Brocken hin? Es geht in jedem Fall sofort auf die ganze Person, ihre körperliche Verfassung und ihre mentale Reaktionsfähigkeit. Daran ist der Unterschied zwischen den Schnellen und Gewitzten, den Ausgeschlafenen und Abgebrühten, aber auch zwischen den Vorsichtigen und Schreckhaften

---

10 Laut Oesch sind lediglich 18 Prozent dieser Beschäftigten Mitglied einer Gewerkschaft, wogegen es bei den »einfachen« industriellen Tätigkeiten immerhin 39 Prozent sind (ebenda, S. 168).

oder den Erschöpften und Verwundeten zu erkennen. An der Bereitschaft zum Kampf auf Gedeih und Verderb entscheidet sich am Ende, ob man weiterbeschäftigt oder entlassen wird.

In diesen Kontexten eines Lebens in den Verhältnissen der neuen Proletarität einfacher Dienste dreht sich die Angst darum, wie man sich gegen Zwischenchefs, junge Spunde und alte Hasen durchsetzt, wie man sich Ruhepausen zu verschaffen und sich wegzuducken vermag, mit welcher Abfindung man in mittlerem Alter auf der Straße landet und wie man seiner Müdigkeit Herr wird.

Das ist bei der Paketzustellung im Prinzip nicht anders als beim Discounter, bei der Frisörkette nicht anders als bei der Objektsicherung, obwohl die untereinander durchaus Vorstellungen davon haben, wem es trotzdem besser geht. Die Tätigkeiten geben insgesamt wenig Anlass für Produktstolz oder Leistungsbefriedigung. Meistens bleiben die Kunden anonym und die Dienstleistung spurlos. Einzig in der Pflege verspricht die Sorge für einen Menschen eine persönliche Befriedigung für die Dienstleisterin und den Dienstleister. Dafür schafft jedoch die zwischenmenschliche Abhängigkeit Belastungen anderer Art, die im Grunde eine professionelle Distanz wie bei Ärzten oder Rechtsanwälten erfordern. Da kommt die Angst ins Spiel, sich nicht genug abgrenzen zu können, aufgesaugt zu werden oder gemessen am eigenem Ethos zum »Unmenschen« zu werden.

Alle diese Tätigkeiten der Gewährleistung von Rahmenbedingungen einer Hochproduktivitätsökonomie gehen Tag für Tag an den Rand der Erschöpfung, weil der Druck auf den Menschen die einzige Möglichkeit zur Rationalisierung und Intensivierung der Arbeitsleistung darstellt. Das verleiht der Kulisse des Kampfes um Anerkennung diesen archaischen Charakter eines Kampfes zwischen Wachhunden im Dienste von Herren und Beschäftigten in der Position von Knechten. Die Wiederkehr von Formen personaler Herrschaft in der Welt der einfachen Dienste lässt die Angst zur Voraussetzung und Bedingung des alltäglichen Überlebens werden. Angst leitet die Praktiken der Selbstbehauptung unter den Bedingungen direkter und blanker Ausbeutung menschlicher Arbeitskraft, die aufgrund von Zuwanderung oder wegen schlechter Qualifikation wenig andere Wahl hat.

Nur manchmal bricht die Wut durch. Dann wird die Kaffeetasse eines Chefs mit dem Bodenlappen ausgeputzt, dann wird, bevor das Frühstück für Verliebte serviert wird, noch aufs Lachsbrötchen gespuckt, dann landet ein Postsack in der Spree, oder dann wird einfach blau gemacht. Im Moment der Wut kann man durchatmen, aber fürs Leben nützt das nichts.

Das brüchige Ich

Angst erschöpft. Im Kern handelt es sich bei der Angst um die Reaktion auf die Wahrnehmung einer Gefahr. Darin steckt ein Fluchtreflex in Bezug auf die erwartete Schädigung des Selbst oder die Minderung seiner Möglichkeiten. Das kostet Energie, weil die Alternative von Flüchten oder Standhalten zur Entscheidung steht.

Schweiß bricht aus, wenn man jemand Fremdes hinter der Tür vermutet, wenn man vom Vorgesetzten wegen eines Fehlverhaltens zur Rede gestellt wird, oder aber, wenn man nachts aufwacht und nicht mehr weiß, was man im Leben eigentlich will. Die wie aus dem Nichts sich meldende Angst vor der Leere gehört zur existenziellen Ambivalenz des außengeleiteten Charakters, der sich an den Erwartungen der Anderen orientiert und gleichzeitig die Ansprüche der Anderen fürchtet. Die Schwierigkeit liegt im Nein sagen, weil das ein Ja zu dem voraussetzt, was man selbst will und wozu man sich selbst versteht. Aber woher soll ich wissen, was ich will und was mir wichtig ist? Im Zweifelsfall ist für das kommunikative und kooperative Ich von heute die Sicherung der Beweglichkeit in der Anpassung wichtiger als die Fixierung auf selbst gesetzte Ziele und Pläne. Aber die andere Seite der Angst, jemanden vor den Kopf zu stoßen und etwas zu verpassen, ist die Angst, sich selbst zu verfehlen.

Aus der Psychotherapieforschung wird von einem Wandel des klinischen Bildes der psychischen Störung berichtet:

von den neurotischen Konflikten zu den depressiven Verstimmungen.¹ Nicht das Ich, das mit seinen Wünschen an die Grenzen des Erlaubten stößt und darüber in eine ängstliche Erwartungshaltung gerät, charakterisiert die typische Problematik der Gegenwart, sondern das Ich, das sich durch vielfältige und widersprüchliche Ansprüche und Erwartungen überfordert fühlt, dem es unendlich schwerfällt, Grenzen zu setzen, und das von nagenden Zweifeln über seine Beziehungs-, Genuss-, Liebes- und überhaupt Lebensfähigkeit beherrscht ist.

Es gibt mittlerweile eine ganze Reihe von Untersuchungen, die sich den psychischen Folgen einer Ausbreitung des außengeleiteten Charakters in Gesellschaften unserer Art gewidmet haben.² Sie alle beschreiben den Wechsel vom eroberungslustigen zum einfühlsamen Individuum als Verschiebung der existenziellen Frage von dem, was man darf, zu dem, was man kann.³ Das Selbst, das sich die Welt untertan machen will, stößt an allen Ecken und Enden auf die »ärgerliche Tatsache der Gesellschaft«⁴, die mit verfestigten Rollenerwartungen, scheinheiligen Werten und angeblichen Schutzmauern seine Bahnen stört. Der neurotische

---

1 Die entsprechende Literatur sammelt Summer, Macht die Gesellschaft depressiv?
2 Sennett, Verfall und Ende des öffentlichen Lebens; ders., Autorität oder auch ders., Der flexible Mensch; Lasch, Das Zeitalter des Narzissmus; Giddens, Wandel der Intimität; und zuletzt die Bücher von Ehrenberg, Das erschöpfte Selbst, sowie ders., Das Unbehagen in der Gesellschaft.
3 Ehrenberg, Das Unbehagen in der Gesellschaft, S. 17.
4 So die von Ralf Dahrendorf in dessen Zusammenfassung der soziologischen Rollentheorie geprägte Formulierung, Homo Sociologicus, S. 20.

Konflikt dreht sich um das Erleben von Einschränkung, Untersagung und Hemmung.[5] Das einfühlsame Selbst, das in seinem Streben nach Selbstverwirklichung Resonanz und Bestätigung bei den Anderen sucht, bewegt sich dagegen von Anfang an in der »gesellschaftlichen Konstruktion der Wirklichkeit«.[6] Dass das Ich eine Vorstellung von sich nur im Umweg über die Anderen gewinnt, ist ihm selbstverständlich. Damit sind die Mitmenschen aber nicht nur Halt meines Selbstbilds, sondern auch Bedrohung meiner Möglichkeiten. Für das damit verbundene Erleben depressiver Unzulänglichkeit sind Metaphern wie das Ersticken, die Verstrickung oder das Verschlingen kennzeichnend.

Die Wende vom Korsett des Dürfens zur Mobilisierung des Könnens betrifft Schlüsselbegriffe des Gesellschaftslebens. In den Schulen sollen nicht mehr alle Heranwachsenden über einen Kamm geschert und mit Noten nach allgemeinen Standards beurteilt, sondern jedes einzelne Kind nach seinen Talenten und Präferenzen gefördert werden, damit es in den Vollbesitz der ihm eigenen Möglichkeiten gelangt. Das heißt aber andererseits, dass sich daraus die Verpflichtung ergibt, dass das so sozialisierte Ich nur noch an sich selbst und seinen eigenen Möglichkeiten und nicht mehr an den außen gesetzten Normen schuldig werden kann. Die »negativen« Konzepte von Unterdrückung und Verbot werden durch die »positiven« von Öffnung und Entwicklung ersetzt. Die normative Vorstellung ist dann nicht mehr, die Verhinderung von Selbstentfaltung zu un-

---

5 Schultz-Hencke, Der gehemmte Mensch.
6 Berger/Luckmann, Die gesellschaftliche Konstruktion der Wirklichkeit.

terbinden, sondern die Pflicht zur Selbstwerdung zu befeuern.

Dementsprechend interessieren sich die Assessmentcenter von Unternehmen für das Potenzial zukünftiger Mitarbeiter. Der schwer zu fassende Begriff des persönlichen Potenzials bringt zum Ausdruck, dass nicht mehr eine Arbeitskraft für bestimmte Zeiteinheiten, sondern ein Arbeitsvermögen für unterschiedliche Projekte eingekauft werden soll. In Regimen der »flexiblen Spezialisierung«, die auf Einzelanfertigung für besondere Kundenwünsche abgestellt sind, kann man keine Leute gebrauchen, die auf Anweisung warten und am Feierabend die Griffel fallen lassen, sie bedürfen vielmehr engagierter und selbstverantwortlich tätiger Mitarbeiter, die sich auch nach der Arbeit noch Gedanken über ein Projekt machen und sich in die speziellen Belange von Auftraggebern aus aller Welt hineinversetzen können.

In der Fabrik ohne Mauern wird die Arbeitssituation in Abhängigkeit vom Auftrag ständig neu definiert. Dabei verwischen die Grenzen zwischen industrieller Fertigung, Dienstleistung und Entwicklungstätigkeit. Der einzelne Mitarbeiter muss mit Kunden, Maschinen, Kollegen, Modellen und Material umgehen können. Kommunikative Kompetenz, kooperativer Geist und systemisches Verständnis sind Schlüsselworte in den wertschöpfungsintensiven Branchen, in denen kein Platz für kalkulierte Präsenz, instrumentelle Arbeitsorientierung und positionale Engstirnigkeit ist. Arbeit ist hier nicht länger von Interaktion zu differenzieren.

Freilich nicht nur die Erwerbsarbeit, auch das Familienleben und die Freizeitgestaltung, eigentlich das Leben insgesamt, scheinen für die meisten Menschen in der modernen Gegenwartsgesellschaft unter Optimierungsdruck zu stehen. Die jungen, hoch gebildeten Frauen setzen auf die Vereinbarkeit von anspruchsvollem Beruf und bindungsstarker Familie; die neuen risikokompetenten Männer wollen nicht als einsame Wölfe enden; man will weder leben, um zu arbeiten, noch arbeiten, um zu leben, sondern so viel Leben beim Arbeiten wie möglich und so viel Arbeit beim Leben wie nötig. Man sorgt sich um die Bindung, den Sex, das Outfit, die berufliche Herausforderung, die erotische Ausstrahlung und die körperliche Verfassung. Entgrenzung, Selbstwerdung, Flexibilität und Kreativität beschreiben eine Lebensführung außengeleiteter Intensivierung, bei der Hochstimmungen sich mit einem Mal in Leerlaufgefühle verwandeln. Die Nachwuchsplanung wird zum Albtraum, die Partnerschaft unterliegt dem Stresstest, die Teamsitzungen lassen sich nur im Wachkoma bewältigen, und bei der Vorstellung der Arbeitsergebnisse ist wieder die Enge im Brustkorb zu spüren.

Die Mobilisierung des Könnens in alle Richtungen und auf allen Ebenen wird von der plötzlich auftauchenden Frage nach dem Wollen auf Grund gesetzt. Wozu das alles? Worum geht es im Zweifellsfall? Was will ich im Leben? Das sind die Fragen der Angst um sich selbst, die eine große Erschöpfung mit sich bringen können.

Man fühlt sich gehetzt, getrieben und angegriffen. Alles wirkt stumpf, matt und reizlos. Man wacht morgens wie gerädert auf, als habe man nicht geschlafen. Der Rest des Ichs, das den Kaffee macht und den Rechner hochfährt, schafft es nicht, sich gegen den selbstzerstörischen Hang zu wehren, alles infrage zu stellen, unaufhörlich darüber zu grübeln, ob es einen Weg raus gibt, oder die Abgeschnittenheit von den Vorgängen im Betrieb oder Zuhause zu beklagen. Warum um Himmels willen läuft immer alles so schief?

Offenbar kann die Angst, etwas nicht hinzubekommen, sich ab einem bestimmten Punkt in die Angst verwandeln, alles falsch gemacht zu haben. Der Optimierungswahn verdeckt nur die Existenznot. Der gute Rat, Prioritäten zu setzen, vergisst, dass man dazu Prioritäten empfinden muss. Das mag erst recht für eine Generation zutreffen, die aus saturierten Verhältnissen kommt und für die sich das Verhältnis von Geburtenaufkommen und Stellenverfügbarkeit sehr günstig darstellt. Jedenfalls deutlich günstiger als bei den geburtenstarken Babyboomern, zu denen ihre Eltern gehören. Gemeint ist die »Generation Y« der heute Fünfundzwanzig- bis Fünfunddreißigjährigen, von denen gesagt wird, dass sie pragmatisch und empfindlich sind, sich mit Kompetenzbewusstsein ausgestattet fühlen, aber auf Aufmerksamkeit, Förderung und Lob ausgerichtet sind, materialistischen Sicherheits- ebenso wie postmaterialistischen Selbstentfaltungswerten zuneigen.[7] Diese widersprüchlichen Tendenzen können einerseits als Beleg einer von Selbstbewusstsein, Nüchternheit und Offenheit geprägten Weltsicht interpretiert werden, andererseits aber als Ausdruck einer Lebenshaltung, die auf nichts verzichten will und deshalb alles unter einen Hut zu bringen versucht.

---

[7] »Die Generation Y ändert die Unternehmen«, Interview mit Thomas Sigi, in: *SPIEGEL ONLINE* vom 9. August 2012; Hurrelmann, Die »Lebenssituation der jungen Generation«, S. 14–24; Parment, Die Generation Y.

Das Thema der Work-Life-Balance ist für diese junge Generation deshalb so zentral, weil sie das Geschlechterverhältnis, die Leistungsidee und das Verständnis des Lebensglücks berührt. Da junge Frauen nicht mehr daran denken, eine tragische Wahl zwischen beruflichem Erfolg und glücklichem Familienleben zu treffen, muss die Aufteilung von Erwerbstätigkeit, Sorge um die Kinder, emotionalem Beistand und Haushaltsbetrieb zwischen den Geschlechtern ausgemacht werden. Der Leistungsbegriff kann dann für Männer wie für Frauen nicht mehr allein auf den Beruf zentriert sein, sondern umfasst das Alltagsleben als Grundlage einer gemeinsam ausgehandelten und abgemachten Existenz. Eine gewisse materielle Sicherheit, ein bestimmter Komfort, eine halbwegs funktionierende öffentliche Infrastruktur werden dafür als unabdingbar angesehen. Aber das Lebensglück bemisst sich nicht mehr allein am beruflichen Fortkommen oder an den klassischen Statussymbolen des nivellierten Mittelstands. Man will seine Lebenszeit nicht in der Schlange am Fahrstuhl zum gesellschaftlichen Aufstieg vertun. Freundschaft steht an erster Stelle, Wert wird auf ein gedeihliches, von unangenehmen Fremden nicht behelligtes und von ökologischer Verschmutzung freigehaltenes Wohnumfeld gelegt und als unabdingbar wird eine herausfordernde und befriedigende berufliche Beschäftigung angesehen.[8] An diesen geradezu

---

8 So zusammengefasst etwa die Ergebnisse einer internationalen (USA, Brasilien, Singapur, Schweiz) Umfrage unter Jugendlichen zwischen 16 und 25 Jahren, die Markus Freitag vom Institut für Politikwissenschaft der Universität Bern im Auftrag der Credit Suisse durchgeführt hat. Siehe Bulletin No. 4, 2013, S. 29–51. Die Ergebnisse machen deutlich, dass in dieser Generation trotz der

idyllischen Vorstellungswelten ändert weder das Netz noch die Erfahrung des globalen Tourismus etwas. Weil gleichwohl für die geforderte Lebensführung keine passenden Schablonen oder Skripts bereitliegen, erscheint das Leben insgesamt als Leistung des Ichs, das sich auf keinen primären oder elementaren Leistungsbereich zurückziehen kann.

Dafür liefert die von allzu viel Humanismus getränkte Sprache von Entwicklung, Wachstum und Transformation die Formeln, die den offenen, allumfassenden und vielgestaltigen Lebensprozess herausstellen.[9] Verfehlt ist ein Leben demnach nicht nach Maßgabe eines am Beginn feststehenden Gesetzes oder eines am Ende zu erreichenden Ziels, sondern gemessen an seiner jeweils nach sozialer Lage und biografischem Moment möglichen Fülle. Wie dieses Mögliche in der Biografie des Einzelnen wirklich wird, entscheidet sich in den Formen des Verzichtens, Verwerfens, Versäumens und Verpassens.[10]

Beim Versäumen und Verpassen ist das Verfehlen sofort einleuchtend. Die verpassten Gelegenheiten sind unwiederbringlich dahin. Das Ich hat die Gunst der Stunde ungenutzt verstreichen lassen und kann nur hoffen, dass sich

---

bekundeten Abneigung gegen Fremdenfeindlichkeit und Ethnozentrismus die Bereitschaft zur Hinnahme von Störungen und Beeinträchtigungen im eigenen Umfeld sinkt. Das Bekenntnis zu Werten wie Empathie und Toleranz geht bei diesen Jahrgängen durchaus mit der Bereitschaft einher, Graffitis als Sachbeschädigung zu ahnden und Videokameras zur Identifizierung ungebetener Besucher aufzustellen.

9 Siehe Bude, »Zum Problem der Selbstdetermination«, S. 84–111.
10 Im Anschluss an Viktor von Weizsäcker siehe Albert Zacher, »Die Krankengeschichte und das ›ungelebte Leben‹«, S. 51–57.

eine ähnliche Gelegenheit später noch mal bietet. Das ist nicht nur im Geschäftsleben oder beim Gerangel um bessere Positionen so, sondern auch bei einem verunglückten Wort am Morgen oder beim unverhofften Stelldichein am Nachmittag. Das Verpasste ist umso schwerer hinzunehmen, je stärker die Überzeugung vom Gelingen des eigenen Lebens ist.

Das Versäumte hingegen kann ich, freilich unter Entrichtung einer gewissen Säumnisgebühr, irgendwie nachholen. Das Versäumnis lässt einem manchmal eine zweite Chance. Allerdings kommt es oft vor, dass das, was man in der Vergangenheit versäumt hat, auf die Gegenwart drückt. Das Ich ist dann von der Vorstellung beherrscht, dass die versäumte Gelegenheit nicht irgendeine war, vielmehr die entscheidende, die man im Leben hatte. Das gesamte Tun und Streben ist darauf gerichtet, das in der Vergangenheit Versäumte nachzuholen, und dadurch kann der Blick für die in der Gegenwart sich bietenden neuen Möglichkeiten verloren gehen. Das Ich blockiert sich, weil es dem Vergangenen nachtrauert, selbst.

Während Verpassen und Versäumen einem passieren, ist beim Verzichten und Verwerfen eine bewusste Entscheidung im Spiel. Beim Verzichten unterlässt das Ich etwas, obwohl es ihm schwerfällt, und tut etwas anderes. Das ist zumeist ein ziemlich alltäglicher Vorgang. Es geschieht im Laufe der Zeit eine Wahl unter Möglichkeiten, um weiter handeln zu können. Beim Verwerfen indes sondert man scheinbar unattraktive und ungeeignete Möglichkeiten aus, um das Feld des Handelns klarer zu bestellen. Doch es gibt selbstverständlich keine Garantie dafür, dass der Verzicht und die Verwerfung richtig waren. Im Nachhinein kann sich herausstellen, dass man das Falsche vorgezogen und das Richtige zurückgestellt hat. Jede lebenspraktisch bedeutsame Entscheidung ist ein Wagnis, das, wiederum mit Kierkegaard, nach vorne gelebt und nach hinten verstanden wird. Womöglich liegt hier der eigentliche Grund für ein verfehltes Leben: dass das Ich das Risiko der Entscheidung, hier Ja und dort Nein zu sagen, umgehen will. Obwohl Zögern und Zaudern klug und menschlich sein können,[11] ist die Angst der Unentschlossenen, die wie der 28-jährige Held in Benjamin Kunkels Roman[12] davon überzeugt sind, das Hinauszögern sei der Ersatz für Unsterblichkeit, womöglich die Angst unserer Zeit. Sie definiert ein Leben im Wartezimmer, das auf die Anzeigetafel für den entscheidenden Aufruf blickt.

---

[11] Vogl, Über das Zaudern, in dem diese Haltung des prinzipiellen Vorbehalts gegen das, was ist, so wie es ist, von allen Seiten beleuchtet wird.

[12] Kunkel, Unentschlossen. Benjamin Kunkel zählt im Übrigen zu den Erstbeiträgern der als Organ des Zeitgeistes gehandelten amerikanischen Zeitschrift *n+1*. Siehe Kunkel/Gessen (Hg.), Ein Schritt weiter.

Niemandsherrschaft

Die Erwartung einer Minderung, eines Verlustes oder einer Schädigung macht Angst, aber genauso die Wahrnehmung einer Überflutung, einer Aufblähung oder einer Entgrenzung. Wütend macht einen die Angst, dass man gemessen an einer Bezugsgruppe von dem, was alle begehren, zu wenig abbekommt; und panisch äußert sich die Angst, dass Mitte und Maß fürs Nötige und Mögliche verloren gehen. Der Beschneidungs- und Degradierungsangst für den Einzelnen steht die Zusammenbruchs- und Entwertungsangst in Bezug aufs Ganze gegenüber.

Es ist sofort einzusehen, dass die gesellschaftlichen Verhältnisse sich unerträglich zuspitzen können, wenn beides zusammenkommt: wenn die Angst um den Erhalt der eigenen Position im System mit der Angst um den Kollaps des ganzen Systems gerechtfertigter Positionen einhergeht. In soziologischen Kategorien würde man das so ausdrücken: Ein gesellschaftliches System gerät dann in eine prekäre Lage, wenn sich vielfältige Erfahrungen einer bisher nicht so gekannten Disparität in der Verteilung von Privilegien und Risiken mit dem allgemeinen Empfinden einer Anomie der Maßstäbe von Leistungsanstrengung und Erfolgsprämierung mischen.

Von zwei Dingen gibt es heute anscheinend zu viel: von Geld zur allgemeinen Verfügung und von Daten über die einzelne Person. Mit heute ist dabei die Zeit nach der Weltwirtschafts- und Weltfinanzkrise von 2008 und der damit verbundenen, nicht allein europäischen Staatsschuldenkrise von 2011 einerseits und diejenige nach den Enthüllungen über die zwischen systemrelevanten Suchmaschinen und staatsgeheimen Nachrichtendiensten koordinierten Ausspähaktivitäten von x-beliebigen Nutzern des Internets andererseits gemeint. Danach ist, was die Legitimation des Kapitalismus wie des Internets betrifft, nichts mehr so, wie es vorher war.

Noch bevor am 5. Juni 2013 Edward Snowden über den »Guardian« erstmals die Weltöffentlichkeit über die immense, auf das gesamte World Wide Web sich erstreckende Überwachungstätigkeit der National Security Agency der USA in Kenntnis setzte, ermittelte das renommierte amerikanische Umfrageinstitut »Harris Poll« im Jahre 2012, dass gerade mal acht Prozent der Befragten Social-Media-Unternehmen wie Facebook, Twitter oder YouTube für ehrlich und vertrauenswürdig halten.[1] Nach Schätzungen der Vereinten Nationen nutzen heute etwa vierzig Prozent der Weltbevölkerung das Internet, immer mehr davon kommunizieren über soziale Netzwerke, aber vielleicht nur zehn Prozent trauen den Firmen, die ihnen diese Kommunikationsmöglichkeit anbieten. Dass diese kostenlosen Dienste am Ende nicht umsonst sind, merkt jeder Nutzer, der sich im Netz nach Routen durch die Anden oder nach Winterreifen für Geländewagen informiert hat, daran, dass sie oder er schon am nächsten Morgen mit digitalen Anzeigen

---

[1] Im Internet sind die Ergebnisse unter »The 2012 Annual RQ Public Summary Report: A Survey of the U.S. General Public Using the Reputation Quotient« abrufbar: www.harrisinteractive.com/Vault/2012_Harris_Poll_RQ _Summary_Report.pdf [5. 5. 2014)].

von Reiseveranstaltern, die sich auf Nepal spezialisiert haben, oder von Uhrenmarken, die große, teure, mechanisch betriebene Modelle anbieten, versorgt werden. Woher wissen die, dass ich mich tatsächlich auch für Tibet interessiere und wirklich schon damit geliebäugelt hatte, mir eine Uhr der höheren Preisklasse anzuschaffen? Sollte ich bereits im Fadenkreuz eines »emotional targetings« sein, das mich beispielsweise im Auftrag eines Luxusartikelkonzerns als Priority-Konsumenten identifiziert hat?

Spätestens seit den Enthüllungen durch Edward Snowden kann man wissen, dass nicht allein ein enormer Datenhandel mit und durch das Netz betrieben wird, sondern dass personenbezogene, durch IP-Adressen rückverfolgbare Daten an staatliche Geheimdienste weitergegeben, dort gesammelt, mit weiteren Metadaten über Kontaktkreise im Netz abgeglichen und auf Verdachtsmomente analysiert werden. Die NSA gilt als sehr großzügiger Arbeitgeber für Mathematikerinnen und Mathematiker, die alle damit befasst sind, mögliche Verschlüsselungen von Kommunikation im World Wide Web zu entschlüsseln. Aber anders als seinerzeit der geniale Alan Turing, der im Zweiten Weltkrieg im Auftrage Seiner Majestät in dem 70 Kilometer nordwestlich von London gelegenen Bletchley Park das für absolut sicher gehaltene Enigma-Verschlüsselungssystem der deutschen Kriegsgegner knacken konnte, läuft das Wettrennen zwischen Verschlüsselung und Entschlüsselung nicht mehr zwischen Staaten, die sich bekriegen, sondern zwischen einem sich unverwundbar machen wollenden Staat und einer verwundbaren, ihr Persönliches und Privates schützen wollenden Person. Aus dem Unbehagen über die ungebetene Werbung ist die Angst vor einem

»Großen Bruder« geworden, der ununterbrochen aufzeichnet, was ich von transportablen Rechnern so alles von mir gebe. Kann ich es mir weiter erlauben, mich in Mails, in Chatrooms, über WhatsApp, über Xing auszudrücken und mitzuteilen, ohne befürchten zu müssen, dass jemand nachts an die Tür klopft?[2]

Allerdings ist zu vermuten, dass bestimmte privatwirtschaftlich betriebene Suchmaschinen längst viel mehr über mich als jeder staatliche Geheimdienst, ob dieser nun von den USA oder aus Großbritannien operiert, wissen. Das Vorbild von NSA ist Google. Der Auftrag, alles zu wissen, ist nur von einer Maschine zu erfüllen, die permanent lernt, alles zu wissen.

Google zwingt natürlich niemanden zu nichts, aber sobald wir eine der digitalen Annehmlichkeiten beim Joggen (Messung der Laufgeschwindigkeit oder des Kalorienverbrauchs), Fotografieren (Justieren der Objekte oder Modulieren der Farben), Autofahren (Optimierung des Verbrauchs oder Meldung des Verschleißes), bei der Reiseauskunft, beim Onlinebanking oder bei der Suche nach den Öffnungszeiten eines Museums, beim Twittern, Mailen oder SMS-Versenden, beim Bestellen in einem Internetkaufhaus, beim Konsultieren von Wikipedia oder bei der Suche nach dem Ursprung eines »geflügelten Worts« in Anspruch nehmen, ist Google dabei. Google erstellt Proto-

---

[2] Dieses Bild verwendet die amerikanische Ökonomin Shoshana Zuboff in »Wir stehen vor dem Abgrund, Mr. President«, die 1988 mit »In the Age of the Smart Machine« ein wegweisendes Werk darüber, wie die Informationstechnologie unsere Arbeit verändert, veröffentlicht hat.

kolle von Webzugriffen, von Sensorfrequenzen oder von Informationsweitergaben, die in maschinellen Datenbanken gespeichert, geordnet und abrufbar gemacht werden. So entstehen aus vielfältigen Quellen große Datenmengen, aus denen unter verschiedenen Hinsichten spezielle Datensätze gezogen werden können, die auf Datenmärkten feilgeboten werden. Schon wirbt ein, selbstverständlich selbst wieder privatwirtschaftlich motivierter Browser, den man für die Darstellung von Websites im World Wide Web braucht, mit der Beobachtung der Beobachtung. »Sehen Sie, wer Sie im Internet beobachtet. Beleuchten Sie die Dritt-Websites, die Daten über Ihre Online-Aktivitäten sammeln.«[3]

Sollten diese Datenspuren bis zu mir zurückverfolgt werden können, dann kann ich als individuelles Exemplar eines bestimmten Typs mit charakteristischen Bewegungsprofilen, Konsumpräferenzen, Geschmacksurteilen, Anlehnungstendenzen und Ablehnungsaffekten angesprochen werden. So ist die Mathematik von Google mit Hilfe von Kognitionspsychologie, Entscheidungstheorie, Rahmungskonzepten und Emotionsrastern in der Lage, Big Data für verschiedene Kunden zurechtzuschneiden: Konzerne, die teure langlebige Gebrauchsgüter oder billige Verbrauchsartikel zielgruppenspezifisch bewerben wollen, Unterhaltungsindustrien, die Kinder mit animierten und Erwachsene mit rituellen Spielen versorgen wollen, Krankenkassen, die nach Kriterien für Tarifstaffelungen und Ansatzpunkte für Präventivprogramme suchen, Neurowissenschaftler, die neurotechnische Implantate oder neuromorphe Rechner entwi-

---

3 Es handelt sich um den Browser »Mozilla Firefox«, der im Februar 2014 mit dem Motto »Gutes zu tun ist unser Fundament« warb.

ckeln wollen, und eben auch Geheimdienste, die verdächtige Regungen und Gedanken bei einzelnen Gruppen und Personen in der Bevölkerung identifizieren wollen.

Das Beängstigende daran ist weniger, dass Tag für Tag neue Datenmengen erzeugt werden, sondern dass inzwischen Rechnerkapazitäten existieren, die diese scheinbar auf ewig speichern und für immer neue Abrufe aufbereiten können. Der Informationsabfall kompostiert sich nicht wie bei vielen totalitären Ausspähsystemen der Vergangenheit selbst,[4] sondern bleibt als Informationsmaterial für kommende Generationen von schlauen Suchern und Fragern bestehen. Dass in einer globalen Cloud im Prinzip unvergesslich bleibt, was ich einmal in einem Anfall von Wahnsinn oder Begierde ins Netz gestellt habe, kann, heideggerianisch gesprochen, das einzelne Dasein, das von Anfang an auf seinen eigenen Tod vorläuft, mit Schrecken erfüllen. Der Gedanke, dass in einem von Google beherrschten Netz nichts vergeht, ist die Katastrophe. Für geschichtliche Wesen beruht Erinnern auf Vergessen. Wer nichts zurücklassen kann, kommt nicht vom Fleck. Von der Kognitionspsychologie weiß man, dass Lernen auf Verlernen beruht und wir deshalb nur klüger werden, wenn wir Dinge auf sich beruhen lassen können.

Dabei scheinen wir nicht einmal die Wahl zu haben. Schließlich liefern wir die Daten aus freien Stücken, die uns in Gestalt von Algorithmen für unterschiedliche Arten und Weisen des »Targetings« zu beherrschen drohen. Wenn wir

---

[4] Man denke nur an die merkwürdigen Asservatenkammern der Staatssicherheit der DDR mit den verklebten Tonbändern und abgedeckten Geruchsproben.

ein iPad mit uns herumtragen, ein GPS-System für das morgendliche Joggen in einer fremden Stadt benutzen oder an ein digitales Kabelfernsehen angeschlossen sind, sitzen wir schon in der Falle. Dieses müssen wir natürlich alles nicht tun, aber der Preis des Verzichts ist ziemlich hoch. Gilles Deleuze hat bereits 1990 diese »Formen permanenter Kontrolle im offenen Milieu«[5] herannahen sehen. Diesem Denker der »tausend Plateaus« unserer Gesellschaft[6] ging es darum, den Zusammenhang zwischen der scheinbaren Offenheit unserer technologischen Infrastruktur und einer Verschärfung der Kontrolle im Persönlichen und Privaten zu verstehen. Das Netz wäre für Deleuze der Inbegriff einer Kontrollgesellschaft, die nicht mehr wie die klassische Disziplinargesellschaft durch Internierung und Abschließung, sondern durch unablässige Öffnung und unmittelbare Kommunikation funktioniert. Alles ist Kommunikation, und niemand kann sich dem entziehen. »Man kann nicht nicht kommunizieren«, heißt das berühmte, das Subjekt schachmatt setzende Diktum von Paul Watzlawick.[7] Deshalb sollte uns die in der Mathematik von Google liegende Suche nach Universalien der Kommunikation, wie Deleuze meinte, das Fürchten lehren.

So begründet sich heute die Kritik am »Silicon-Valley-Kapitalismus«, der darauf gerichtet ist, uns keine Atempause zu lassen, weil jeder Aspekt des alltäglichen Lebens in produktives, symbolisches, soziales oder ökonomisches Kapital verwandelt werden soll. Hinter dieser Kritik ver-

---

5 Deleuze, »Kontrolle und Werden«, S. 251.
6 Deleuze/Guattari, Tausend Plateaus.
7 Watzlawick/Beavin/Jackson, Menschliche Kommunikation.

birgt sich die Angst, im Strudel der allseitigen Entwicklung und gesteigerten Potenzierung zu ersticken. Was kann man tun, um seine Privatsphäre zu verteidigen, wie komm ich wieder raus aus Kommunikationsnetzen, an denen ich mich beteiligt habe? Kommt der Netzstreik nicht einem Ichstreik gleich?[8]

Diese Angst macht inzwischen den Hass aufs System auch bei Generationen wieder aussprechbar, die sich jenseits von Angst und Hass wähnten. »Warum man Silicon Valley hassen darf« heißt ein entsprechendes Pamphlet, in dem im Gestus folgerichtiger Verzweiflung behauptet wird, dass der »unsichtbare Stacheldrahtzaun« der digitalen Kontrollgesellschaft selbst für jene unsichtbar bleibt, die ihn errichtet haben. Es wird stattdessen suggeriert, dass sich der Nutzer durch geeignete Tools Durchblick verschaffen kann. »Das ist der Punkt, an dem die ›digitale Debatte‹ uns in die Irre führt. Sie versteht es, über Tools zu reden, ist aber kaum in der Lage, über soziale, politische und ökonomische Systeme zu sprechen, die von diesen Tools gestärkt oder geschwächt, erweitert und befriedet werden. Wenn man diese Systeme wieder in den Vordergrund der Analyse rückt, wird der ›digitale‹ Aspekt dieses Geredes über Tools extrem langweilig, da er nichts erklärt.«[9]

---

8 »Was dem Netzwerker abgeht«, notiert Urs Stäheli, »ist die Fähigkeit des Kappens von Verbindungen, fehlgeschlagene Verbindungen auszuhalten oder gar die Nicht-Verbindung anzustreben und zu genießen.« Siehe Stäheli, »Entnetzt euch! Praktiken und Ästhetiken der Anschlusslosigkeit«, S. 4.
9 Der Autor Evgeny Morozow ist 1984 in Weißrussland geboren und lebt in den USA. Für die *Frankfurter Allgemeine Zeitung* bespielt

Die andere Wucherung, die heute untergründig und nachhaltig Angst verbreitet, betrifft das Geld. Es übersteigt unser normales ökonomisches Vorstellungsvermögen, wie viel davon in Umlauf ist und was damit zum Ausdruck gebracht wird. Erst hieß es, dass uns das unfassbar viele Geld, das in faulen Krediten versteckt war, in die Krise gebracht hätte, jetzt sollen wir glauben, dass uns die Bereitstellung von unglaublich viel Geld durch die Zentralbanken wieder aus der Krise herausführen wird.

Im Jahr 2000 gab es auf dem Globus dem amerikanischen Ökonomen Richard Duncan zufolge zweitausend Prozent mehr Geld als dreißig Jahre zuvor,[10] als die Welt noch zweigeteilt war und die USA die unbestrittene Führungsmacht des Westens bildeten. Allein in den USA ist im letzten Drittel des zwanzigsten Jahrhunderts die Geldmenge, wenn man dazu neben Bargeld und Giroguthaben auch guthabenähnliche Geldanlagen zählt, und zwar kaufkraftbereinigt, von 315 Milliarden auf rund zwei Billionen Dollar angewachsen.[11] Das ist aber von der Wirtschaftsleistung, die gewöhnlich am Bruttoinlandsprodukt dargestellt wird, gar nicht gedeckt. Insgesamt ist in den OECD-Ländern das Verhältnis von vorhandenem Geld zu erwirtschaftetem Bruttoinlandsprodukt von 68 Prozent im Jahre 1970 auf 109 Prozent im Jahre 2006 gestiegen. Mit anderen Worten: Das kontinuierliche Wachstum an Gütern und Dienstleis-

---

er die Kolumne »Silicon Valley«; Zitat aus: »Warum man das Silicon Valley hassen darf«, S. 49–50.
10 »Eine neue Weltwirtschaftskrise?«, Interview mit Richard Duncan, S. 58–59.
11 Postberg, Macht und Geld, S. 135.

tungen kann mit dem explosiven Wachstum der Geldmenge gar nicht mithalten. Wer sich eine gedeihliche Entwicklung der gesellschaftlichen Verhältnisse wünscht, fragt sich natürlich, woher dieses Auseinanderdriften zwischen der Produktion von fassbaren Gütern und fühlbaren Dienstleistungen und der Erzeugung von bloßem Geld kommt und wie lange so etwas gut gehen kann.

Womöglich war der Geldkollaps von 2008 sogar nötig, für den schließlich die Insolvenz einer Investmentbank den Anstoß gegeben hatte. Mit der Pleite von Lehman Brothers wurde mit einem Schlag klar, dass ein ganzes System von Geldverwaltung und Gelderzeugung zur Disposition stand. In den Bilanzen von Banken überall auf der Welt tauchten plötzlich riesige Beträge auf, die buchstäblich durch nichts mehr gedeckt waren. Innerhalb weniger Tage wurde im September 2008 eine wiederum unvorstellbare Summe von Geld auf den globalen Finanzmärkten »verbrannt«. Die Schätzungen reichen von zwei bis sieben Billionen Dollar.[12]

Die drohende Implosion der gesamten international vernetzten Geldversorgung machte den sofortigen Einsatz der Staaten notwendig, deren Verantwortliche die Wiederkehr einer »Großen Depression« wie Ende der 1920er Jahre mit den bekannten gesellschaftlichen Folgen unbedingt verhindern wollten. Man erinnert sich, wie es in einer konzertierten Aktion der Zentralbanken zu einer bis dahin beispiellosen Intervention in die zur Selbstregulation nicht mehr fähigen Finanzmärkte kam. Barack Obama war zum neuen amerikanischen Präsidenten gewählt worden, aber als solcher noch nicht vereidigt. Am Montag, den 15. September

---

12 Siehe Reifner, Die Geldgesellschaft, S. 15ff.

2008, erklärte Lehman Brothers seine Zahlungsunfähigkeit, am folgenden Dienstag wurde mit der American International Group (AIG) der zweitgrößte Versicherer der Welt gerettet, dann die Investmentbank Merrill Lynch und die Großsparkasse Washington Mutual. Die amerikanische Notenbank Federal Reserve unter Ben Bernanke, der sich als Professor für Ökonomie von der Universität Princeton mit seinen Forschungen über die Weltwirtschaftskrise in der 1930er Jahren einen Namen gemacht hatte, kaufte in massiver Weise, wie es so schön hieß, Staats- und Hypothekenanleihen auf und druckte so indirekt Geld in schon wieder unfassbarem Ausmaß. Die Bilanzsumme der Fed stieg von 869 Milliarden Dollar am 8. August 2008 auf zuletzt, sprich: zu Beginn des Jahres 2014, 4,09 Billionen Dollar. Damit wurde die Notenbank zum wichtigsten Finanzier des Finanzmarktes. Die letzte Stufe dieses gezielten Interventionsprogramms nannte sich »Quantitative Easing«, im Rahmen dessen die Fed jeden Monat Staatsanleihen und Hypothekenpapiere für 85 Milliarden Dollar kaufte, um die langfristigen Zinsen zu senken. Seit Dezember 2013 wird diese Maßnahme schrittweise zurückgefahren, um das Geld wieder zu verknappen und die Märkte langsam an realistischere Zinsen zu gewöhnen. Das hat natürlich Folgen für die internationalen Finanzströme, die zum Leidwesen der Schwellenländer der Geldpolitik der nach wie vor wichtigsten Reservewährung der Welt folgen.

In Deutschland kam die Krise mit dem Zusammenbruch der Hypo Real Estate an, die zunächst mit 30 und dann mit 50 Milliarden Euro aus Steuergeldern gerettet werden musste. Die Bundeskanzlerin Angela Merkel sah sich am 5. Oktober 2008, an einem frühen Sonntagnachmittag, noch bevor am Montag die Banken wieder ihre Schalter öffneten, in Begleitung des seinerzeitigen Finanzministers Peer Steinbrück genötigt, vor die Fernsehkameras zu treten, um, sich offensichtlich nicht wohl in ihrer Haut fühlend, den Sparerinnen und Sparern in Deutschland zu versichern, dass ihre Anlagen sicher seien. Mit dieser Komplettgarantie für etwa 568 Milliarden Euro bewegten sich die beiden, wie Peer Steinbrück im Nachhinein einräumte, auf sehr dünnem Eis, denn dafür gab es weder eine rechtliche Grundlage noch eine politische Legitimierung. Funktioniert hat es nur, weil in dieser Situation auf Messers Schneide den Leuten die Angst gefährlicher als das Vertrauen erschien.

Seitdem gibt es in allen Staaten der Welt »systemrelevante Banken«, die im Zweifelsfall mit viel Geld gerettet werden müssen, und eine »marktkonforme Demokratie«, für die die jeweils herrschenden Regierungen die Gefolgschaft ihrer Bürgerinnen und Bürger verlangen müssen. Die Europäische Zentralbank ging sogar so weit, nicht nur einzelne Banken, sondern ganze Staaten zu retten, die sich mit billigen Euros tief verschuldet hatten. Notfalls würde die EZB unbegrenzt Staatsanleihen von Ländern aus der Euro-Gruppe aufkaufen, die sich an den Finanzmärkten nicht mehr zu erträglichen Zinsen refinanzieren können. »Whatever it takes«, lautete die vor einem Londoner Finanzpublikum am 26. Juli 2012 ausgesprochene Ankündigung von Mario Draghi, auf die die Finanzmarktakteure offenbar gewartet hatten. »And believe me, it will be enough«, hatte der Präsident der Europäischen Zentralbank hinzugefügt. Wenn man etwas zurücktritt, kann einem diese Strategie schon seltsam vorkommen. Kann Begrenzung durch Entgrenzung auf Dauer funktionieren?

Diese ganze, gerade erst hinter uns liegende finanzpolitisch und geldgeschichtlich eminente Episode, die in der offenbar noch lange nicht ausgestandenen europäischen Staatsschuldenkrise ihre Fortsetzung gefunden hat, wirft für das besorgte Publikum die Frage auf, an was, wenn's um Geld geht, man heute noch glauben kann. Was repräsentiert das Geld? Wer bürgt für seinen Wert? Wie wird es erzeugt? Worin besteht seine Funktion? So lauten die Fragen, die aus der Angst geboren sind, dass es sich bei der Geld- und Finanzwirtschaft um ein vielleicht notwendiges, aber sicher nicht haltbares System von Risikostreuung und Rückzahlungsverlagerung handelt.

Dem Alltagsverstand liegt die schon von Aristoteles dargelegte und von der ökonomischen Orthodoxie im Prinzip nach wie vor geteilte Vorstellung nahe, dass das Geld dem Tausch dient und den Wert speichert.[13] Das Geld überwindet durch Vermittlung in ein abstraktes, zählbares und bilanzierbares Drittes den einfachen Warentausch und repräsentiert den Fleiß seines Besitzers, der sich dafür wiederum alles kaufen kann, was zu verkaufen ist. Mit Geld floriert der Handel, und durch Geld motivieren sich die Akteure der Wirtschaft.

Was aber soll der Sinn einer unermesslichen Geldvermehrung sein, die sich vom Handel mit Gütern und Dienstleistungen entkoppelt hat, und welcher Fleiß soll hinter den enormen Vermögensgewinnen der Geldvermögensbesitzer

---

13 Die folgenden Überlegungen verdanken wesentliche Einsichten in die praktische Logik des Geldes der noch nicht veröffentlichten Dissertation von Aaron Sahr über die Rolle des Kreditgeldes im Kapitalismus der Gegenwart.

in den Zeiten des deregulierten Geldhandels stecken? Der Kapitalismus stellt sich heute für die Leute, die hart arbeiten und die Regeln befolgen, als bloße Geldmaschine dar, die die Reichen immer reicher und die Armen immer ärmer macht. Der Kapitalmarkt bietet sich als ein eigendynamisch operierendes, wesentlich durch Rechner gesteuertes und weltweit vernetztes System dar, dessen einziges Gesetz darin besteht, dass aus angelegtem Geld mehr Geld wird. Die Vermittlung über Waren, die hergestellt, verkauft und konsumiert werden müssen, scheint dabei zweitrangig zu sein. Es geht primär um Notierungen in Bilanzen, die auf mysteriöse Weise Minus in Plus und Plus in Minus verwandeln. Es werden dazu Zahlen in Umlauf gebracht, Wetten getätigt und Transaktionen vorgenommen, was den Akteuren fantastische Chancen verheißt, die freilich an unsichtbare Risiken gebunden sind.

Hier wird augenscheinlich nicht nur das Geld verwendet, das woanders mit der Produktion und dem Verkauf von Gütern und Dienstleistungen verdient worden ist, sondern es wird über gewisse Finanzinstrumente, mit denen Schulden produziert und verkauft werden, Geld buchstäblich aus dem Nichts geschaffen. Und je mehr Geld geschaffen wird, umso größer wird der Druck, der von ungenutzten Geldern oder von den Überschussreserven in den zum Risikoausgleich angelegten Portfolios ausgeht. Die werden dann wieder in Schulden verwandelt, mit denen von schlauen Finanzmarktakteuren auf eigene oder fremde Rechnung Handel getrieben werden kann, sodass es kein Ende mit der endogenen Erzeugung von Geld gibt.

Der Staat kommt mit seiner Zentralbank als Kreditgeber letzter Instanz dann ins Spiel, wenn das Schneeballsystem aufzufliegen und ein allgemeiner Verfall der Kapitalanlagewerte aufzutreten droht. Solange die Beteiligten jedoch glauben, was sie tun, geht der Prozess weiter, bis ein Ausfall an einer Stelle eine Kettenreaktion von Ausfällen nach sich zieht, sodass sich alle Ausfallversicherungen, die als Rücklage für die aufeinander aufbauenden Rückzahlungsversprechen dienten, als Lug und Trug entpuppen. Bis dahin haben die schillernden Figuren mit den guten Geschichten für die undurchsichtigen Bescheinigungen hohe Boni eingestrichen und außergewöhnliche Einkommen angehäuft. Jedenfalls hat die Rhetorik der Überzeugung wenig mit der Stichhaltigkeit mathematischer Berechnungen zu tun. Betrug ist allerdings häufig ein nachträglicher Tatbestand und nicht immer von vornherein intendiert gewesen.

Für die 99 Prozent, die sich über die Massenmedien über dieses »Eigenverhalten« der Geldvermehrung informieren, besteht das Problem nur darin, dass die Verteufelung der Gier oder die revolutionär-restaurative Forderung nach »Umkehrung des Ausgangspunkts«,[14] wonach die Wirtschaft wieder dem Menschen und nicht der Mensch der Wirtschaft zu dienen habe, den systemischen Charakter der kapitalistischen Geldwirtschaft verpassen.

Wer seine Ersparnisse auf Anraten einer freundlichen Finanzberaterin in einem Fonds angelegt, wer eine private Rentenversicherung zur Schließung einer Versorgungslücke abgeschlossen oder wer sich ein ansehnliches Automobil auf Ratenkauf angeschafft hat, ist an einem System beteiligt, das aus Beziehungen zwischen Gläubigern und

---

14 Böckenförde, »Woran der Kapitalismus krankt«.

Schuldnern besteht. Das gilt sogar schon für ein simples Sparkonto. Sobald man das glücklich ererbte Barvermögen auf die Bank trägt und dort Schein für Schein einzahlt, ist das Geld weg. Die Bank hortet das Geld seiner Privatkunden bekanntlich nicht, sondern arbeitet mit ihm, indem sie es einer kreditwürdigen Schuldnerin überantwortet, die dafür ein Rückzahlungsversprechen über den um den Zins erhöhten Betrag abgibt. Mir bleibt lediglich die Ziffer auf einem Ausdruck, die besagt, dass irgendwo auf der Welt natürliche oder juristische Personen existieren, die versprochen haben, mir mein Geld mit einem interessanten Aufschlag zurückzuzahlen.

Kann ein leitender Angestellter nach der Freisetzung von seinem Job den Kredit für sein Einfamilienhaus oder ein Staat wegen der plötzlichen Erhöhung der Zinssätze seine Kredite an den internationalen Finanzmärkten nicht mehr bedienen, so ist das so lange kein gravierendes Problem, wie die drohenden Kreditausfälle verbrieft und versichert sind. Kommt es allerdings plötzlich zu einer Ballung solcher Kreditausfallereignisse, nutzen die besten, von einschlägigen Agenturen bescheinigten Verbriefungen von Kreditportfolios nichts mehr. Denn die Kreditausfallversicherungen sind selbst wieder Schuldner von Gläubigern, die einem auf mathematischen Berechnungen beruhenden Rückzahlungsversprechen Glauben geschenkt haben. Ein »schwarzer Schwan«, der als solcher von einem Beobachter im System identifiziert wird und der als Spekulant auf diese Entdeckung eine Wette abschließt, kann das ganze System kollabieren lassen. »Damit eine Finanzkrise durch einen speziellen Vorfall oder politischen Fehler ausgelöst werden kann«, erklärt ein jetzt wiederentdeckter Theoretiker der prinzipiellen finanziellen Instabilität der kapitalistischen Geldwirtschaft,[15] »muss das gesamte Finanzsystem so beschaffen sein, dass ein individueller Zusammenbruch eine Kettenreaktion von Zusammenbrüchen hervorzurufen vermag.«

Geld, lautet dann die Konsequenz, ist weder als Tauschmittel noch als Wertspeicher in seiner Rolle in einem auf Selbstverwertung angelegten Finanzsystem hinreichend bestimmt. Es ist Ausdruck einer Beziehung zwischen einem Gläubiger und einem Schuldner, die auf nichts anderem als auf einem Versprechen beruht.[16] Solange die Marktteilnehmer, zu denen wir alle gehören, diesem Versprechen Vertrauen entgegenbringen, ist alles in Ordnung. Der Prozess der Finanzialisierung kann im Prinzip unendlich weitergehen. Aber es tut sich ein Abgrund auf, wenn einer aus der Masse ruft, dass der König nackt ist, und sich mit einem Mal herausstellt, dass alle Versprechen trügerisch waren und man keinem Schuldner mehr trauen kann. Aus einem System des Vertrauens wird dann mit einem Schlag ein System der Angst.

Die Angst, die die vielen, irgendwo abrufbar gehaltenen Daten und das viele, unentwegt von Finanzmarktakteuren geschaffene Geld auslösen, ist die Angst, sich in einem System zu verschlingen, das man selbst hervorbringt. Jeder Zugriff aufs Internet macht mich verwundbar, und mit

---

15 Minsky, »Die Hypothese der finanziellen Instabilität«, S. 44.
16 So der Tenor der neueren, an Schumpeter und Keynes anschließenden soziologischen Geldtheorien. Der Türöffner für diese Debatte war Ingham, »On the Underdevelopment of the Sociology of Money«.

jeder Buchung auf meinem Konto gehe ich eine Finanzbeziehung wechselseitiger Forderungen ein, die aus Geld mehr Geld machen wollen. Man hat uns gesagt, dass wir im World Wide Web ununterbrochen beobachtet werden, trotzdem schreiben wir unsere nächste Mail; wir haben erlebt, wie Spekulationsblasen entstehen, Börsenkrisen ausbrechen und der Geldverkehr zum Erliegen kommt, trotzdem sind wir, wenn es um die Zinsen für unsere mehr oder minder großen Geldanlagen geht, sofort bereit, erneut in die Achterbahn einzusteigen. Offenbar kann nichts dem Grenzen setzen; anscheinend ist niemand dafür verantwortlich.

Die Angst vor einer Welt am Abgrund kann man durch Fremdanklagen und Systemproteste zwar abmildern, aber nicht zum Verschwinden bringen. Denn das ist nicht die Angst vor einem »großen Anderen«, die uns täuscht, zwingt und beherrscht. Es ist die Angst vor unseren eigenen Möglichkeiten, zu denen wir uns verleiten und verführen lassen. Verflechtungsspiralen, Rückkoppelungsschleifen und Vertrauensmultiplikatoren binden die Einzelnen in ein System ein, das alle Kontrollen überwindet und sich aufgrund von merkwürdigen Irregularitäten selbst zerstört. Das Angstbild, das sich nach den Funktions- und Legitimationskrisen des Kapitalismus und des Internets ausbreitet, ist das Bild von selbstregulativen Systemen, die auf den Reaktionen, Wahlen und Entscheidungen der beteiligten Individuen beruhen. Und zwar nicht über Methoden der Einfügung, sondern über solche der Anreizung und Überschreitung. Es ist die Angst, dass niemand diesen Prozess beherrscht, weil alle daran beteiligt sind und alle sich jeweils etwas Eigenes davon versprechen. Die Angst vor dem Zuviel, das alle

Maßstäbe hinter sich lässt, ist die Angst vor der Niemandsherrschaft,[17] bei der alle mitmachen.

---

[17] Der Ausdruck geht auf Arendt, Vita activa, zurück, die in der »Herrschaft des Niemand« die zeitgemäße Form konformisierender Herrschaft erblickt hat. Arendt hat wie die neuere Theorie der Finanzmärkte eine Konformität in der Herde im Blick, die nicht abgesprochen werden muss, um ihre Wirkung dennoch zu entfalten.

Emotionsmacht

Was jedoch machen wir mit der Erkenntnis, dass wir uns selbst die Angst machen, die wir im Blick auf einen bedrohlichen Zustand der Welt erleben? Wir können dieses Gefühl von Bedrohung und Besorgnis weder wegerklären noch wegdiskutieren. Die Angst, den erreichten sozialen Status in der Generationenfolge nicht halten zu können, oder die Angst vor einem neuerlichen Geldkollaps, der dann auch persönliche Sparguthaben und private Rentenversicherungen hierzulande mit sich reißen würde, ist schließlich nicht von der Hand zu weisen. Zwar ist einzusehen, dass Ängste von Ansprüchen abhängig sind, aber die Reduktion von Ansprüchen bringt nicht notgedrungen die Reduktion von Ängsten mit sich. Auf irgendwas muss ich mich im Großen und Ganzen doch verlassen können, auch wenn ich im Grunde weiß, dass im alltäglichen Leben immer alles weitergeht.

Die Mitteilung von Angst unterliegt in modernen Gesellschaften einer merkwürdigen Widersprüchlichkeit. Als einzelne Person wollen wir insbesondere Freunden und Bekannten gegenüber nicht ängstlich erscheinen. Mit dem Ausdruck von Gefühlen der Hilflosigkeit, der Blockierung und der Lähmung macht man sich nicht gerade attraktiv. Das ängstliche Ich ist kein Individualitätstyp,[1] mit dem

---

1 Popitz meint damit charakteristische Ausdrucksformen der identischen Person, das Sich-im-gleitenden-Wechsel-der-sozialen-Rollen-

man punkten könnte. Das heute popkulturell hochgehaltene Ideal der Coolness kontrolliert sich geradezu an der Zensierung des Ausdrucks von Angst. Auf der anderen Seite kann die Mitteilung von Angst vor einem Publikum immer etwas Authentisches für sich in Anspruch nehmen. Das Bekenntnis von Angst ist deshalb unbestreitbar, weil Einwände nicht die Angemessenheit der Aussage, sondern die Glaubwürdigkeit des Sprechers treffen würden. Wer Angst zur Begründung seines Dagegenseins in Anschlag bringt, setzt sich ins Recht – insbesondere dann, wenn das im Namen von anderen, die sich nicht trauen, keine Sprache haben oder die Lage noch nicht übersehen können, geschieht. Stellvertretend zum Ausdruck gebrachte Angst kann der Führung eines Staates, eines Unternehmens oder einer zivilen Organisation schwer zu schaffen machen.

Mit anderen Worten: Die Annoncierung von Angst kann einen privat schwach und öffentlich stark machen. Darin steckt allerdings die Versuchung, sich und anderen etwas vorzumachen. Davon, dass man nachts wach liegt und über diese verräterische Bemerkung des Chefs grübelt oder sich ewige Gedanken über den Wandel des sexuellen Appetits macht, erzählt man seinem Partner lieber nichts. Selbst gegenüber dem Freund macht man dazu in humorigem Ton nur ein paar melancholische Bemerkungen. Die Angst bleibt in einer Endlosschleife dunkler Gedanken stecken, die den richtigen Ausdruck für das beengende Gefühl nicht finden.

Öffentliche Angsterregung dagegen folgt gewissen Schablonen, die den Teufel an die Wand malen. Zumeist droht aus

---

Durchhalten; vgl. Popitz. Der Begriff der sozialen Rolle als Element der soziologischen Theorie.

ökologischen oder ökonomischen Gründen das Ende der Welt, weshalb wir nur noch wenig Zeit für eine radikale Umkehr haben. Das Bezugsobjekt der Angst ist entsprechend diffus: Ich habe Angst um die Zukunft meiner Kinder oder um den Bestand unseres blauen Planeten. Wer dagegen einwendet, dass die Renten gerade aufgrund des Umlageverfahrens relativ sicher seien oder dass besonders in den alten Industrieländern, die nach wie vor der Wachstumsideologie frönen, die Luft immer besser und die Flüsse immer sauberer werden, wirkt entweder wie ein lächerlicher Kleingläubiger oder wie ein kalter Zyniker. Die Angst, die in öffentlichen Debatten als Argument vorgebracht wird, entzieht sich im Prinzip der Argumentation.[2]

Die Paradoxie der Angstkommunikation[3] besteht darin, dass die Authentizität der Expression oft mit der Abgehobenheit der Begründung erkauft wird. Was könnte der unausweichliche Kollaps des Planeten unter der Parole »Mehr Geld!« mit meiner persönlichen und privaten Situation als Mittelstandsbürger mit »prekärem Wohlstand« in der Lebensmitte zu tun haben? Oder auf den Punkt gebracht: Es besteht die Gefahr, dass man sich im Gefühl der Angst selbst in die Tasche lügt.

Die dahinterstehende Frage lautet, ob Angst überhaupt kommunizierbar ist. Zum Erleben von Angst gehört doch jenes Alleingelassensein mit dem Gefühl, dass alles bricht und nichts mehr hält. Für Kierkegaard zeigt sich darin das moderne Phänomen, dass der Mensch entdeckt, dass er sein

---

[2] So sehr nachdrücklich bei Luhmann, Ökologische Kommunikation.
[3] Egbert/Bergmann, »Angst – Von der Phänomenologie zur Interaktion«.

Leben selbst und durch sich selbst führen muss. Diese Tatsache treibt das Ich, das dafür niemanden und nichts in Anspruch nehmen kann, in die Angst. Heidegger redet dann in der Zeit der Weltwirtschaftkrise der späten 1920er Jahre davon, dass dieses Dasein, das sich selbst sein muss, in das Nichts hineingehalten ist.[4] Das ist die Gefahr, die Rettung verspricht.

Für Heidegger ist Angst nicht unbedingt ein negativer Begriff. Sie kann als Befindlichkeit des Selbstseins sogar positiv werden, wenn das Dasein in seinem »Sein zum Tode« sich von den Anderen und deren Gerede lossagt. Man redet nicht rum, sondern wird sich selbst inne. Der existenzielle Heroismus Heideggers sieht in der grundlegenden Einsamkeit des Ichs die Voraussetzung für die innere Gesammeltheit des Selbst.[5]

Aufschlussreich für einen bestimmten sozialhistorischen Moment ist freilich, wenn das Schweigen über die Angst gebrochen wird – wenn die Angst, die im Persönlichen und Privaten verborgen zu sein scheint, einen exemplarischen Ausdruck gewinnt, der im Öffentlichen und Allgemeinen als gültig angesehen wird. Das ängstliche Ich wird als Subjekt der Angst aufgerufen und kann seinen Makel als Auszeichnung begreifen. Ich brauche meine Ängste nicht mehr verständlich machen, weil sie schon verstanden sind. Angst trennt nicht mehr die Einzelnen, sondern verbindet sie im Ganzen.

---

4 Schulz, »Das Problem der Angst in der neueren Philosophie«.
5 Diesen Gedanken hat der Heidegger-Schüler Ernst Tugendhat, Egozentrizität und Mystik, als Grundlage für den Entwurf einer zeitgemäßen Mystik genommen.

Hier kommen Politiken der Angst ins Spiel, die persönliche Erfahrungen von Degradierung und gruppenspezifische Befürchtungen von Verlust zu einem Gesamteindruck von Ausgeliefertheit und Bedrohtheit steigern. Über bestimmte Betroffenheitsformeln, die den »Verlust der Utopie«, das »Regime der Heuschrecken«, die »gekaufte Zeit« oder das »Gespenst des Kapitals« ansprechen, wird eine Stimmung gesellschaftlicher Instabilität erzeugt, die die Erwartbarkeit von Krisen, die Störanfälligkeit von Systemen und das Aufbrechen sozialer Spaltungen in Aussicht stellt. Nichts von dem ist aus der Luft gegriffen, aber es macht einen großen Unterschied, ob man sich in einer scheiternden, in einer sich verändernden oder in einer verschwindenden Welt sieht.

Wichtig ist dabei die Instanz der Gefühlsverdichtung. Die Ökonomen Guy Kirsch und Klaus Mackscheidt haben noch weit vor der Periode der Finanzialisierung unter dem Eindruck endlosen Wartens auf gesellschaftliche Veränderungen im Deutschland der 1980er Jahre eine Typologie affektiven politischen Führertums entwickelt.[6] Sie unterscheiden den Demagogen, den Staatsmann oder, wie heute hinzuzufügen ist, die Staatsfrau und den Amtsinhaber. Die Typologie arbeitet mit klassischen Motiven: Der Demagoge intensiviert die Angst der Leute und wirft ihnen einen Sündenbock vor die Füße, dem die Schuld für die ganze Misere gegeben wird; der Amtsinhaber betäubt die Angst, indem er ein Bild der gesellschaftlichen Wirklichkeit anbietet, in dem alle beunruhigenden und bedrohenden Teile fehlen; und der Staatsmann zeigt, wo die Angst ein Fundament in

---

6 Kirsch/Mackscheidt, Staatsmann, Demagoge, Amtsinhaber.

der Wirklichkeit besitzt und wie man mit seinen Ängsten trotzdem umgehen kann, ohne das Ganze in Grund und Boden zu verdammen.

Man denkt sofort an die populistischen Aufpeitscher, die vorm Aussterben des Volkes oder vorm Schuldenpakt des Euro warnen; man hofft deshalb auf die große Rede eines Staatsmanns oder einer Staatsfrau, der oder die die Grenzen und Mängel des Kapitalismus beim Namen nennt und trotzdem Wege aus der Gefahr aufzeigt; aber man flüchtet sich einstweilen zur Amtsinhaberin, die kompetent und konsequent die Sachprobleme erledigt, die sich Tag für Tag neu stellen.

Das eigentlich Aufschlussreiche an dem Buch von Kirsch und Mackscheidt liegt jedoch in der Zurechtrückung eines naheliegenden, aber an der Sache vorbeigehenden Verständnisses von Politik. Politik, so wird schnell angenommen, diene der Lösung der gemeinsamen Probleme, von denen jeder zwar betroffen ist, die aber die Problemlösungskapazitäten der einzelnen überfordern. Immer wenn in Krisenzeiten der Ruf nach Fachleuten erschallt, die etwas von Wirtschaft oder Verwaltung verstehen, dann wird auf dieses Verständnis von Politik als Arena zur Verhandlung von Problemlösungsstrategien für kollektive Belange rekurriert. Die Tatsache, dass es in Wahlkämpfen jedoch mehr um Gefolgschaft, Ergebenheit, Ärger, Neid, Missgunst und Begeisterung geht als um die sachliche Auseinandersetzung über die verschiedenen, ideologisch akzentuierten Problemlösungsangebote, muss dann als bedauerliche Begleiterscheinung von Ritualen der Massenmobilisierung erscheinen. Wenn Politik die Leute so sehr in Aufwallung bringt, dass sie glühende Augen bekommen, hat nach diesem Verständnis nichts mehr mit dem notwendigen Streit über den besten Weg der Bereitstellung und Verteilung von Ressourcen zu tun, sondern entartet zur Gefühlsduselei und zum Affekttheater.

Für Kirsch und Mackscheidt beruht diese beliebte Art und Weise der Denunziation des politischen Geschäfts als Politik des Scheins, das statt mit Argumenten mit Gefühlen operiert, auf einem halbierten Begriff des Politischen. Gegenstand des politischen Streits ist doch nicht, ob der Spitzensteuersatz 47,5 oder vielleicht 49,5 Prozent beträgt, ob die Mütterrente für Frauen, die ihre Kinder vor 1992 oder, sagen wir, vor 1989 bekommen haben, gezahlt wird oder ob die Finanztransaktionssteuer nun mit 0,05 oder mit 0,03 Prozent auf alle Finanztransaktionen zu Buche schlägt, sondern ob der Steuersatz für die Reichen und Superreichen merkbar erhöht wird, ob den Müttern, die wegen des Fehlens von Kindergärten und Ganztagsschulen ihren Beruf für die Kindererziehung haben ruhen lassen, die Erziehungsleistung in Gestalt einer Rente anerkannt wird oder ob die politische Bereitschaft besteht, den riskanten Kurzfristhandel auf den Finanzmärkten zu kontrollieren. Das ist kein Streit um die Verbesserung der Güterversorgung der Bürgerinnen und Bürger, sondern ein Kampf um die Zuerkennung von sozialen Rechten für Gruppen und die Errichtung von sozialen Grenzen im Ganzen.

Bei diesem Streit spielen nicht die Interessen der Einzelnen, sondern die Ideen für unser Zusammenleben die Hauptrolle. Und solche Ideen werden in der politischen Auseinandersetzung von Politikerinnen und Politikern verkörpert. Deshalb ist der politische Kampf immer auch ein Kampf um Identifikationen.

Politik ohne Leidenschaften, ohne Gefühlsenergien, ohne die Dynamik sich begegnender und abstoßender Psychen, ohne Angst und Sehnsucht ist keine Politik. Als Projektionsanker für diese politischen Affekte steht in der repräsentativen Demokratie das politische Führungspersonal zur Verfügung. So gesehen dient ein Wahlkampf mit seiner Mischung aus argumentativer Auseinanderlegung und persönlicher Konfrontation nicht primär dazu, einen sachlich begründeten Vertretungsauftrag zwischen Wählern und Gewählten vorzubereiten, sondern die Grundlage für ein personal vermitteltes Vertrauensverhältnis zwischen den Bürgerinnen und Bürgern und ihren Repräsentanten zu schaffen – oder das Vorhandensein eines gravierenden Repräsentationsdefizits offenzulegen.[7]

Die Frage des Vertrauens impliziert dabei die Problematik der Angst. Das Publikum schaut auf die Frauen und Männer zur Wahl und sucht nach Zeichen für deren Deutung der gesellschaftlichen Situation der Zeit: Müssen wir Angst haben? Können wir mit unseren Ängsten leben? Dürfen wir auf eine Welt ohne Angst vor der Angst hoffen?

Der Demagoge und die Demagogin sagen: »Ich bin einer von euch! Ich kenne eure Lage und ich fühle mit euch! Und ich sage euch: Wir werden verraten und verkauft!« Die demagogische Rede macht die Angst zur Grundlage einer Politik der sozialen Sortierung. Es gibt eine herrschende Klasse, die bringt ihre Schäfchen ins Trockene und drängt wesentliche Teile der Gesellschaft an den Rand. Diese unterdrückten und abgedrängten Kräfte werden als Zeugen einer Unordnung der gesamten Gesellschaft aufgerufen, die

---

7 Kirsch/Mackscheidt, Staatsmann, Demagoge, Amtsinhaber, S. 11.

in ihren Wünschen und Trieben, Bedürfnissen und Zielen, Fantasien und Bildern das repräsentieren, was von der herrschenden Meinung ignoriert und bekämpft wird.

Eine demagogische Politik erhebt die Angst somit zum Maßstab der Unterscheidung zwischen Wahrheit und Lüge. Wer Angst hat, ist im Recht, weil das herrschende Gerede nur darauf ausgelegt ist, uns eine Beherrschbarkeit der Lage durch endlose Diskussionen und Kompromisse vorzugaukeln. Der demagogische Diskurs konstruiert ganz ähnlich wie die Psychoanalyse eine Sphäre des latent Gehaltenen, die in Opposition zu einer Sphäre des manifest Verhandelten steht. Die Demagogin[8] kann sich daher als Repräsentantin der »sinnlosen Versagungen«[9] präsentieren, die die Befreiung von der Angst verspricht, unter der in Wahrheit alle leiden. Nicht weil sie uns überlegen, sondern weil sie uns seelisch so ähnlich ist, kann sie ohne Hemmungen und Einschränkungen aussprechen, was uns alle bewegt.

Die Amtsinhaberin setzt dagegen auf die relative Solidität des Angstmanagements in den herrschenden Schichten der Gesellschaft. Sie gründet ihren politischen Erfolg darauf, dass sie in aller Ruhe auf den ausbleibenden Untergang durch lernenden Fortgang verweist. Sie kann eine Realität überraschender Erwartungssicherheit noch im Bruch zentraler Erwartungsbezüge in Anspruch nehmen. Während

---

8 Marine Le Pen von der »Front National« in Frankreich und Pia Kjærsgaard von der »Dansk Folkeparti« in Dänemark belegen, dass im 21. Jahrhundert im Zeichen eines »Wohlfahrtsstaatschauvinismus« die Demagoginnen auf dem Vormarsch sind.

9 So Adorno, »Die Freudsche Theorie und die Struktur der faschistischen Propaganda«, S. 504.

weite Teile des Publikums noch auf den »großen Wurf« warten, der uns aus der Krise führen soll, hat sie mit einer flexiblen und schnellen Politik der kleinen Schritte längst alle Mahner und Zauderer hinter sich gelassen. Die von ihr verkörperte »force tranquille« basiert auf einem Pragmatismus, der großen Fragen ausweicht und auf das sukzessive Bearbeiten der Probleme des Augenblicks setzt. Die Angst wird nicht in Bildern der Bedrohung und Gefährdung konstatiert, sondern in Prozessen auf Sicht gewissermaßen operiert.

Was die Amtsinhaberin auszeichnet, ist nicht ein überlegenes Wissen oder eine exemplarische Haltung, sondern die »überdurchschnittliche Durchschnittlichkeit«[10] ihrer Lebenseinstellung. Nichts daran ist aristokratisch oder exzentrisch. In ihrer Selbstdarstellung kommen Zeichen der Angst durchaus vor, aber neben solchen der Freude, der Zuversicht oder der Ermüdung. Sie vermittelt dem Publikum, dass sie keinesfalls eine besondere Person mit außeralltäglichen Gaben sei. Die einzige Ressource des Muts, die bei ihr besticht, ist der Mut zur Macht.

Die Amtsinhaberin bewältigt also womöglich sehr effizient die anstehenden Probleme der politischen Steuerung, aber sie schläfert zugleich die Angst ihrer Klientel ein, indem sie alle Erfahrungen und Befürchtungen ausklammert, die Angst auslösen könnten. Dadurch wird ein unausgesprochener Pakt der Angst zwischen der Amtsinhaberin und ihrer Gefolgschaft am Leben gehalten, der Zweideutigkeiten, Schwindelgefühle und Fluchttendenzen unter den Tisch fallen lässt. Die Amtsinhaberin erlaubt der Bürger-

---

10 Kirsch/Mackscheidt, Staatsmann, Demagoge, Amtsinhaber, S. 85.

schaft die Ruhe, die man braucht, um in unübersichtlichen Situationen die Richtschnur des Handelns nicht zu verlieren; aber sie fordert sie auch nicht, damit sie in Situationen der Bewährung nicht den Mut verliert. Die politischen Erfolge der Amtsinhaberin könnten am Ende die gleichen Ursachen haben wie ihr geradezu unausweichlicher Misserfolg: die Blockierung von Entwicklungsprozessen, die Verteidigung von unerschütterlichen Grenzen der Weltbegegnung und die Aufrechterhaltung von rigiden Abwehrmechanismen.

Der Staatsmann gilt als Ausnahmegestalt, dessen Auftreten sich einer glücklichen Fügung von subjektiver Disposition und objektiver Gelegenheit verdankt. Winston Churchill wäre ohne den Zweiten Weltkrieg nicht Winston Churchill geworden, Willy Brandt ohne die Spielräume in der »friedlichen Koexistenz« nicht Willy Brandt und Nelson Mandela ohne die lange Welle der Dekolonisierung nicht Nelson Mandela. Aber ohne Churchill wäre der Zweite Weltkrieg anders verlaufen, ohne Brandt hätte es keine Ostpolitik gegeben, und ohne Mandela sähe Südafrika heute anders aus.

Der Staatsmann stößt bei seinen Wählerinnen und Wählern auf Resonanz, nicht weil er die Gebote und Verbote ihres Selbstbilds bestätigt, sondern im Gegenteil, weil er die Grenzen für überwindbar hält, die die Einzelnen einengen und festlegen. Seine Rhetorik zielt auf das mutlose Ich, das als Teil des Wirs angesprochen wird. Seine Botschaften lauten: »Wir werden widerstehen, auch wenn es Blut, Schweiß und Tränen kostet!« oder »Wir gehen nicht unter, wenn wir unsere Schuld eingestehen!« oder »Wer hinfällt, kann wieder aufstehen!«

Der Staatsmann veranschaulicht eine innere Souveränität, die sich an Widerständen und durch Niederlagen gebildet hat. Daher kommt sein Kontrapunkt gegen Endzeitstimmungen, Unvermeidlichkeitsunterstellungen und Blockadehaltungen. Gegen die Leidenschaft des Ressentiments und die Verlockungen der Ruhe wird der Glaube an die Offenheit der Zukunft gesetzt. Es muss nichts so bleiben, wie es ist; wir können etwas aufgeben, um etwas anderes zu gewinnen; wir können anders werden, indem wir uns mit anderen einigen und gemeinsam einen neuen Rahmen schaffen.

Es hängt mit der Aufforderung zur Selbstüberschreitung zusammen, dass die Beziehung zwischen dem Staatsmann und den Leuten von Spannungen und Widersprüchen gekennzeichnet ist. Denn sie ist eben nicht auf die Erhaltung des Gehabten oder die Enthemmung der Begierden ausgerichtet. Sie will vielmehr die Ausweitung und Bereicherung der Lebens- und Erlebensmöglichkeiten der Bürgerinnen und Bürger in und durch die Politik bewirken. Als Türöffner und Vorangeher übernimmt der Staatsmann die seelische Funktion, die Angst als beherrschbar darzustellen, die mit der Lockerung der inneren Fesseln und der Öffnung der sozialen Grenzen verbunden ist.

Deshalb liegen beim Publikum Ablehnung und Zuneigung, Verunglimpfung und Dankbarkeit gegenüber dem Staatsmann nicht selten so nah beieinander. Wo die Amtsinhaberin jedenfalls bei den weiten Teilen der Bevölkerung, deren Ängste sie beruhigt, mit unaufgeregter Unterstützung rechnen kann, trifft den Staatsmann leidenschaftliche Bekämpfung wie ebenso leidenschaftliche Zuneigung.

Seine Anhänger loben seine Wirtschaftsfremdheit und vernachlässigen sein Verwaltungsungeschick so lange, wie sie diese Eigenschaften als Voraussetzung für seine Kraft in der Krise ansehen. Aber wenn die Dinge wieder in ruhiges Fahrwasser kommen und die Probleme des Tages sich zurückmelden, dann hat der Staatsmann seinen Zweck erfüllt und erlebt in der Regel sein unrühmliches Ende.

Es ist, als ob das Volk, das sich in der Situation des Widerstands und des Wandels von ihm verstanden und getragen gefühlt hat, Rache an dem nimmt, auf den es in seiner Schwäche und in seinem Kleinmut angewiesen war. Wenn die aus der Ambivalenz geborene Spannung zwischen dem Staatsmann und seinem Volk nachlässt, löst sich die einst so heiße Beziehung mit einem Mal buchstäblich in nichts auf. Der Staatsmann verliert die anstehende Wahl und geht dafür in die Geschichte ein.

Als Publikum können wir offenbar nicht genug von solchen Geschichten bekommen. Aufschlussreich ist jedenfalls, dass die Sujets der Politik zum Zwecke der Präsentation von zwielichtigen Charakteren, abgründigen Leidenschaften und komplexen Lerngeschichten ein unverwüstliches Format im Kino und mehr denn je in den Serien des Fernsehens darstellen. Man denke nur an Kevin Spacey als Francis Underwood in der Serie »House of Cards« aus den USA oder an Sidse Babett Knudsen als Birgitte Nyborg in »Borgen« aus Dänemark. Die großen Themen sind Macht, Neid, Sex und Prestige. Es geht um die Techniken der Selbstdurchsetzung, die Formen der Motivkaschierung und die Methoden der Wirkungsberechnung in undurchsichtigen Situationen innerhalb von Mehr-Ebenen-Welten. Neben den Heldinnen der Selbstachtung und den Meistern der Intrige kommen störrische, ignorante, und jämmerliche Charaktere vor, die versuchen, mit ihren Lebensängsten, mit ihren Lebenslügen und mit ihrem Lebenszittern zurechtzukommen. Die Dramaturgie der Macht ist im System der Politik anscheinend lehrreicher und packender zu gestalten als in dem der Wirtschaft oder in dem des Sports. Die unterhaltsam behandelten Fragen lauten: Wer beherrscht uns? Wem folgen wir? Was glauben wir?

Diese Beobachtung aus der Fabrik der Massenmedien findet Bestätigung aus der Soziologie der Prominenz.[11] An oberster Stelle der Prominenzskalen stehen beileibe nicht die Prominenten aus der Unterhaltung oder aus dem Sport oder die Reichen mit ihren wirtschaftlichen Erfolgen und sozialen Projekten, sondern unangefochten und mit großem Abstand die Politikerinnen und Politiker, die man zum Spitzenpersonal der Politik eines Landes rechnen würde – und vor denen an allererster Stelle die jeweiligen Inhaber des höchsten und wichtigsten Staatsamtes.

Nichts interessiert die Leute bei einer Talkshow mehr als das, was der amerikanische Präsident, der französische Staatspräsident oder die deutsche Bundeskanzlerin über ihre Antriebe, ihre Überzeugungen und ihre Ziele zu sagen haben. Selbst ehemaligen Regierungschefs werden für sehr viel Geld zu Vorträgen und Auftritten gebeten, bei denen die bloße Präsenz ihrer Person oft wichtiger ist als das, was sie über die Weltlage vorzutragen haben. Wir wollen ihr Streben und Fühlen kennenlernen, damit wir etwas über uns erfahren.

---

11 Peters, Prominenz oder mit Blick auf die Versuchungen politischer Emotionsmacht: Lepsius/Meyer-Kalkus (Hg.), Inszenierung als Beruf.

Die Angst der Anderen

Das Wir erweist sich für viele allerdings als zersplittert und gespalten. In der ethnisch heterogenen Gesellschaft von heute herrscht eine mächtige soziale Angst, die sich um das Eigene dreht und sich vom Fremden bedroht fühlt. Es ist von Überfremdungsängsten oder sogar von Terrorängsten die Rede. Wer hat hier Angst vor wem?

Der in Indien geborene, in den USA beheimatete Globalisierungstheoretiker Arjun Appadurai hat in seinem unter dem Eindruck von 9/11 geschriebenen, 2006 publizierten Buch »Fear of Small Numbers«, auf Deutsch könnte man vielleicht sagen: »Die Angst der Mehrheit vor der Minderheit«[1], auf die in Gesellschaften unserer Art um sich greifende Angst vor der Unvollständigkeit ihres kollektiven Daseins hingewiesen. Mit Gesellschaften unserer Art sind die Gesellschaften der OECD-Welt gemeint. Solange der Nationalstaat als selbstverständlicher Container der modernen Gesellschaft begriffen wurde, der seinen Bewohnern ein ausreichendes Maß sozialer Sicherheit und seinen Bürgerinnen und Bürgern trotz ungleich verteilter wirtschaftlicher Macht gleiche politische Rechte versprach, war ein Rahmen für die Einheit von Differenzen gegeben. Appadurai hat dabei die konsolidierten Nationalstaaten der Ära nach 1945 vor Augen, die die gewaltsamen Prozesse ih-

---

1 Für die deutsche Ausgabe ist jedoch der Untertitel der Originalausgabe titelgebend geworden: Appadurai, Die Geographie des Zorns.

rer Einheitsbildung durch Ausschluss fremder und Einschluss eigener Bevölkerungen hinter sich gelassen hatten.² Es gab selbstverständlich auch danach immer noch Streit zwischen Alteingesessenen und Zugewanderten, der Elias zufolge mit bösem Schimpfklatsch und harten Zurechtweisungen ausgetragen wurde. Die Definitionsmacht über die Kriterien der Wertschätzung von Lebensgepflogenheiten liegt bei jenen, die die Behauptung, zuerst dagewesen zu sein, erfolgreich gegen jene, die später dazu gestoßen sind, durchsetzen können.³ Machtsicherung erfolgt über Zuschreibungsautorität. Aber man gewöhnte sich mit der Zeit an eine wachsende Pluralität von »Abstammungsgemeinschaften«⁴ und nahm die Realitäten wechselseitiger Verflechtungen zum gemeinsamen Vorteil hin. Italienische Restaurants, griechische Schneider, türkischstämmige Metaller in der Autoindustrie und vietnamesischstämmige Augenärzte gehören zum Bild der deutschen Gesellschaft. Aus den »Katzelmachern«⁵, die sich als »inländische Ausländer«⁶ mit ihrem Heimweh am Wochenende vor dem Bahnhof trafen und mit ihrer Angst, die die Seele auffisst, unter

---

2 Siehe für die Gleichursprünglichkeit von funktionaler Differenzierung und nationaler Identifizierung Bielefeld, Nation und Gesellschaft.
3 Elias/Scotson, Etablierte und Außenseiter.
4 So der Ausdruck von Weber, »Ethnische Gemeinschaftsbeziehungen«.
5 »Katzelmacher« ist der zweite Spielfilm von Rainer Werner Fassbinder aus dem Jahre 1969, der auf seinem gleichnamigen Bühnenstück basiert, in dem es um den Gastarbeiter Jorgos aus Griechenland geht, der für eine Gruppe herumhängender deutscher Jugendlicher zum Projektionsobjekt ihres wilden Begehrens wird.
6 Bielefeld, Inländische Ausländer.

sich blieben, sind die Mehmet-Scholl-Deutschen geworden, die ein Eigenheim finanzieren und das Gymnasium für ihre Kinder verteidigen. Was Erschöpfungsangst und Bildungspanik betrifft, existieren keine Unterschiede zu ihren »biodeutschen« Nachbarn in gleicher sozialer Lage.

Der Nationalstaat bildete das Dach, unter dem die Neuordnung der gesellschaftlichen Verhältnisse durch die Hereinnahme von anderen Lebensweisen und neuen Lebensenergien allmählich vonstatten ging. Die Generalisierung von Wertbezügen im Gefolge des kulturellen Aufbruchs von 1968, die Erweiterung von Anrechtspositionen durch die große Koalition der Sozialpolitik sowie die Internalisierung von Vergleichsperspektiven durch Tourismus, Popkultur und Fernsehsendungen wie »Der Weltspiegel« schufen die Voraussetzungen für die Einbeziehung solcher Deutscher wie Deutsche türkischer Abstammung, Deutschvietnamesen mit DDR-Hintergrund, Deutschafghanen mit Flüchtlingsschicksal oder Russlanddeutsche mit Staatsbürgerschaftsanrecht. Den Rest stellen deutsche Deutsche aus Niederbayern, aus Hohenlohe oder aus der Lausitz oder Berliner aus Schwaben oder Sachsen dar.

Seitdem der Nationalstaat sich durch ein komplexes Zusammenwirken von gewollter Liberalisierung von innen und erzwungener Deregulierung von außen, wofür sich der Begriff Globalisierung eingebürgert hat, genötigt sieht, seine Grenzen für Kapital, Information, Güter, Dienstleistungen und nicht zuletzt Menschen zu öffnen, scheint das schöne Bild der sukzessiven Integration von Fremden und des inkrementellen Wandels durch Andere für die Bewohner des durchlöcherten Containers nicht länger haltbar. Mit der Öffnung des Eisernen Vorhangs, mit der Erweiterung der EU und mit den Flüchtlingsrouten übers Mittelmeer ist aus der gesellschaftlichen Mitte der »postnationalen Nation« das Bild einer Festung aufgetaucht, die gegen »Eindringlinge« zu verteidigen ist. Sie schlüpfen durch Löcher in den Grenzbefestigungen und verstecken sich in trojanischen Pferden von Flüchtlingsheimen, man glaubt jedenfalls, ihnen kaum mehr Herr zu werden. Der angesichts von massenmedialen Bildern von Flüchtlingsschicksalen zu hörende Ausruf »Wir können doch nicht zum Sozialamt der ganzen Welt werden!« macht die nicht auflösbare innere Zwiespältigkeit von menschlicher Anteilnahme und menschlicher Kälte deutlich. Man will den verlorenen Menschen, die mit für die See untauglichen Booten übers Meer von Afrika nach Europa zu gelangen trachten, bestimmt nicht die Schuld an ihrem furchtbaren Schicksal geben, aber man schreckt davor zurück, die Schleusen für Migrationsströme zu öffnen, die kein Ende haben werden. So verbindet sich die Empathie mit den einzelnen mit der Angst vor der Masse.

In Deutschland ist mit den Bürgerkriegsflüchtlingen der 1990er Jahre aus den Regionen des zerfallenen Jugoslawiens oder aus Palästina, deren Kinder in den Nullerjahren das deutsche Schulsystem einem Stresstest ausgesetzt haben, das Angstbild einer »gefährlichen Klasse« von Migranten aufgekommen, die die bürgerliche Ordnung stören und vom deutschen Sozialstaat ausgehalten werden. Ein Buch mit Millionenauflage stellte 2010 die Frage, ob Deutschland sich sehenden Auges selbst abschaffte.[7]

---

[7] Nach Angaben vom Media Control sind allein bis Dezember 2012 von Thilo Sarrazins Streitschrift »Deutschland schafft sich ab«

Für Appadurai bringt die Angst vor der Unvollständigkeit des Volkes die Ungeheuer von Reinigung und Festigung hervor. Das Abwehrargument besteht in der Regel aus Mischungen zwischen den Elementen von Demografie, Bildung und Kultur. Es sind noch wenige, aber es werden wegen der hohen Geburtenrate dieser hungrigen Population immer mehr. Es handelt sich, so die Befürchtungen, um wenig qualifizierte Personen, die nur unser wegen unserer eigenen Geburtszurückhaltung schon überlastetes Sozialsystem noch mehr belasten. Es sind Menschen aus einem anderen Kulturkreis, die sich gegen ihre Umwelt abschließen und daher ein Fremdkörper im eigenen Land bleiben werden. Deshalb ist diese Minderheit nur der Vorbote einer Mehrheit, die uns irgendwann an den Rand drängen wird. Und aus diesem Grund müssen wir uns ihrer erwehren, wenn wir nicht untergehen wollen.

Aber den eigentlichen Umschlagspunkt im Sicherheitsempfinden stellte der Terroranschlag auf die Twin Tower von New York City am 11. September 2001 dar, an dem bis dahin völlig unauffällige Studierende nichtdeutscher Herkunft aus Hamburg beteiligt waren. Was sind das für Menschen, die jahrelang als Schläfer mitten unter uns auf ihren Einsatz im Krieg gegen den Westen warten? Hans Magnus Enzensberger stellte 2006 Vermutungen über »Schreckens

---

1,5 Millionen Exemplare verkauft worden. Das sind zwar bei Weitem nicht so viele Exemplare wie von Günter Wallraffs Report über das Leben türkischer Migranten in Deutschland mit dem Titel »Ganz unten« von 1985, der vier Millionen Mal verkauft wurde, aber es gehört gleichwohl zu den meistverkauften Sachbüchern seit Gründung der Bundesrepublik.

Männer« an, die als radikale Verlierer eines weltgesellschaftlichen Sortierungsprozesses von einem quälenden Gefühl des Gekränktseins und des Gedemütigtseins befallen sind, das nach einem grandiosen Ausdruck der Wut verlangt.[8] Seitdem ist das Verhältnis zum Fremden mit der Angst vor einem fundamentalistischen Islam vermengt.

Deutsche Muslime, die sich als solche zu erkennen geben oder erkannt werden, haben das Gefühl, dass sie mit einem Mal als Fremde im eigenen Land angesehen werden. Die Frage nach dem Kopftuch, wenn man sich überhaupt traut, sie zu stellen, kann sich für eine Muslima ganz schnell zu einem Test für ihren Emanzipationsgrad entwickeln. Ich bin, wie ich bin, kann die Antwort nur lauten. Eine derartige Exotisierung des Anderen verändert für die Angeschauten die gesamte Szene. Es ist kein bloß misstrauischer Blick, der ihnen zugeworfen wird, darin liegt vielmehr eine schwelende Angst. Ohne dass nur ein Wort fällt, wird der Andere in eine Position der Rechtfertigung gezwungen. Was kann ich dafür, dass ich wie ein ernst blickender Araber, der sich die Treue zum Leiden seines Volkes geschworen hat, aussehe? Ich bin einer, aber ich lebe seitdem ich fünf Jahre bin in diesem Land, dessen Staatsbürgerschaft ich seit meinem 18. Lebensjahr besitze.

Es sind heute solche Situationen, die die Angst vor dem Fremden in der Menge zur Anschauung bringen. Der fremdenfeindliche Blick, der in Eingewanderten Konkurrenten im Kampf um knappe Ressourcen sieht, verschmilzt seit 9/11 mit einer untergründigen Angst vor dem Islam. Der Islam entspricht nicht dem Bild der privaten und sentimen-

---

8 Enzensberger, Schreckens Männer.

talen Religion, das einer funktional differenzierten Gesellschaft, in der es kein Zentrum und keine Spitze gibt, angemessen zu sein scheint, sondern stellt sich als eine öffentliche und naive Religion dar,[9] zu der man sich mit Zeichen, die für alle sichtbar sind, bekennt und die mit definitiven Glaubenssätzen und genau vorgeschriebenen gottesdienstlichen Praktiken nicht verhandelbare Grenzen setzt. Im Unterschied aber zur katholischen Kirche, die ebenfalls einen kodifizierten Ritus vorgibt und von den Gläubigen verlangt, in jeder Heiligen Messe das Glaubenbekenntnis mit lauter Stimme zu wiederholen, kennt der Islam ganz ähnlich wie die protestantischen Kirchen und Dominien keine oberste Autorität mit Heiligkeitsstatus. Es entsteht von außen der Eindruck, als gäbe es innerhalb des islamischen Rahmens genug Raum für selbsternannte radikale Deuter, die nicht zögern, den Ernstfall gegen Dissidenten und Feinde auszurufen. Gottesherrschaft bedeutet hier Eigenherrschaft gegen Fremdherrschaft.

Der deutsche Moslem, der selbstverständlich kein Schweinefleisch isst und keinen Alkohol trinkt und in gewissem Ausmaß auch fastet und an keinem Bettler vorbeigeht, ohne ihm ein Almosen zuzuwerfen, spürt in sich die trotzige Neigung, dass er sich so zeigt, wie die deutschen Deutschen das von ihm erwarten. Für ihn ist der Islam gar keine strenge und starre Religion, der man unbedingt Folge leisten muss, sondern eine Lebensweise, die den transzen-

---

9 Diese Unterscheidung lässt einen mit Recht an den Unterschied zwischen der protestantischen und der katholischen Konfession innerhalb des Christentums denken. Siehe dazu Bude, »Die Zukunft der Religion«.

dentalen Bezugspunkt des Lebens nicht vergisst. Dem können bestimmte Sitten und Gebräuche dienen, die man natürlich umso deutlicher ausprägt, je mehr von einem ein nivellierter Lebensstil von Unberührtheit und Unbekümmertheit verlangt wird.

Warum soll ich Verständnis für die Ängste irre gewordenen Deutscher haben? Mit welchem Recht wird mir die Erwartung entgegengebracht, dass ich den ersten Schritt zur Verständigung in einer schwierigen Situation tue? Wann ist für uns die Phase der Rechtfertigungen vorbei?

Solche Fragen stellen sich heute mit größerer Dringlichkeit, weil der Terror von 9/11 in Deutschland ein Pendant im Terror der NSU gefunden hat. Seitdem existieren Gründe für Angst auf beiden Seiten des vorgestellten Szenarios. Der vom Nationalsozialistischen Untergrund in den Jahren von 2000 bis 2006 in verschiedenen deutschen Großstädten verübte Mordserie an Kleinunternehmern mit Zuwanderungsgeschichte fielen insgesamt neun Menschen zum Opfer. Unter den Opfern waren acht türkischstämmige Deutsche und ein Grieche. Der erste bekannte Mord ereignete sich am 9. September 2000 und der mutmaßlich letzte am 6. April 2006. Zur Last gelegt werden der Dreiergruppe, sie sich zuletzt auf Campingplätzen aufgehalten hat, zudem ein Sprengstoffanschlag und ein Nagelbombenattentat sowie der Mord an einer Polizistin.

Die Täter des NSU lebten genauso in der »einsamem Masse« verborgen wie die Täter von 9/11. In beiden Fällen handelte es sich um Zellen innerhalb eines losen terroristischen Netzwerkes, die auf eigene Faust ihre mörderischen Aktionen ins Werk gesetzt haben. Es ging nicht um die Erreichung bestimmter Ziele, sondern um die Verbreitung einer Atmosphäre von Angst und Schrecken unter ihren Feinden und in der Gesellschaft insgesamt.

Dabei zielte der NSU auf den Bereich der ethnischen Ökonomie, die für viele Migranten nach wie vor das Einfallstor in die Ankunftsgesellschaft darstellt. Genau da, wo die Zugewanderten einen Fuß in die Tür bekommen wollen, weil es sich beim Kleinhandel um eine selbstständige Erwerbstätigkeit ohne hohe Zugangsbarrieren handelt, sollen sie sich gefährdet und verwundbar fühlen.

Die einen haben Angst, weil sie sich von einer Minderheit und die anderen, weil sie sich von der Mehrheit bedroht fühlen. Beide leiden bei sehr ungleichen Durchsetzungschancen an der Angst vor der Unvollständigkeit ihres kollektiven Daseins. Der halluzinierte Zustand eines ethnisch homogenen Milieus ist allerdings weder für die etablierte Mehrheit noch für die dazugekommene Minderheit aufrechtzuerhalten. Wenn man bedenkt, dass ungefähr die Hälfte aller eingeschulten Kinder in deutschen Großstädten einen Migrationshintergrund aufweist, können weder die Deutschen deutscher Herkunft noch die Deutschen nichtdeutscher Herkunft auf Dauer unter sich bleiben. Die Deutschen sind als abgeschlossene Einheit genauso wenig darstellbar wie die Osmanen oder die Araber oder die Europäer. Dies sind letztlich abstrakte Bezeichnungen, die zwar mit großen Gefühlen aufgeladen werden, aber außerordentlich variable konkrete Zuordnungen verdecken. Wenn die Leute trotzdem an der Vorstellung eines gemeinsamen Wirs hängen, dann stellt sich die Frage, welches neue gesellschaftliche Wir sich dann im ethnisch heterogenen Milieu im Kontrast zu welchen Anderen bilden kann.

Dazu gehört zuallererst, dass Migranten nicht mehr als

Migranten wahrgenommen werden wollen. Der in München als Sohn türkischer Gastarbeiter geborene Tuncay Acar, der als Musiker und Kulturveranstalter in seiner Heimatstadt das Netzwerk »Göthe Protokoll« gegründet hat, schäumte in seinem Blog, als er von einem Kunstprojekt hörte, bei dem ein »Mensch mit Migrationshintergrund« einen Zuschauer durch ein »migrantisch geprägtes Viertel« von München führen sollte: »Ich werde einen Teufel tun und euch zum dreitausendfünfhundersten Mal mein ›migrantisches Bahnhofsviertel‹ erklären! Bin ich Kasperle oder was? Das ist auch euer Viertel, verdammt. Guckt es euch halt an. Ist doch auch euer Land, eure Stadt, eure Geschichte ...«[10]

Es liegt auf der Hand, dass die durch den Terror hervorgerufene Symmetrie der Angst eine dritte Position braucht. Die ist mit der politischen Vokabel des Transmigrantischen mit »People of Color« nur normativ bestimmt. Im Augenblick geht es darum, keiner der beiden gedachten Seiten ihre Angst zu verbieten. Dann ist für die Beteiligten vielleicht zu erkennen, dass die Angst ums Eigene sofort die Angst der Anderen provoziert.

---

10 Zitiert nach Dössel, »Die Ausgeschlossenen«.

Die Verhaltenslehren der Generationen

Der 1925 geborene Weltkriegssoldat James Salter beginnt sein 2013 publiziertes Alterswerk »Alles, was ist« mit der Beschreibung von Situationen der Angst aus dem Zweiten Weltkrieg, als sein zwanzig Jahre alter Held mit der amerikanischen Flotte mit Kurs auf die japanische Insel Okinawa ist.

»Reihe um Reihe lagen Hunderte von Männern schweigend übereinander in den eisernen Kojen unter Deck, viele mit dem Gesicht nach oben, die Augen noch offen, obwohl es fast Morgen war. Die Lichter waren gedämpft, die Motoren dröhnten unaufhörlich, die Ventilatoren zogen feuchte Luft, fünfzehnhundert Mann mit Tornistern und Waffen ...«[1]

Diese Angst auf dem Weg in ein fremdes, unbekanntes Land, um dort einen seit dreieinhalb Jahren andauernden Krieg zur Entscheidungsschlacht zu führen, kennt man in der Gesellschaften unserer Art nicht mehr.

»Mut und Angst und wie man sich unter Beschuss verhielt, gehörten nicht zu den Dingen, über die gesprochen wurde.«[2]

Vom kommunikativen Beschweigen der Angst im Ernstfall können heute die noch übrig geblieben Weltkriegsteil-

---

1 Salter, Alles, was ist, S. 9.
2 Ebenda, S. 16.

nehmer berichten, die bald die neunzig erreichen. Sie werden das in lakonischem Ton tun, und die Zuhörer werden daran erkennen, dass der Krieg für sie der Erfahrungsgrund ist, über den sie keine großen Worte machen wollen.

Aus Salters Roman ist freilich auch zu erfahren, dass die Angst nicht verschwand, als der Krieg vorbei war. Der Ersatz bestand in der coolen Periode der fünfziger und frühen sechziger Jahre in Sex, Alkohol und Karriere. Aus dieser Generation, die John Coltrane, die Popart, die Kybernetik und das Atomium präferierten, haben schließlich die Frauen die Angst vor der Angst zum Thema gemacht.

Jede Frau, die eine eigene Karriere wagt, hatte die aus Deutschland stammende amerikanische Psychoanalytikerin Karen Horney bereits 1934 festgestellt, ist einem Kampf gegen äußere und innere Widerstände ausgesetzt, wenn sie nicht gewillt ist, dieses Wagnis auf Kosten ihrer Weiblichkeit einzugehen.[3] Das patriachalische Ideal in Bezug auf die Frau, deren einzige Sehnsucht darin besteht, von einem Mann geliebt zu werden und seine Liebe zu erwidern, ihn zu bewundern und ihm zu dienen, war also schon vor diesem Krieg untergegangen. In Begriffen der weiblichen Angst vor der Angst wurde in der Nachkriegszeit der »Mad Men«[4] in Psychologien, die sich die Perspektive der Frau zu eigen machten, die misstrauische Abwehr des Mannes da-

---

[3] Horney, »Die Überbewertung der Liebe«, S. 112.
[4] Damit ist die amerikanische Fernsehserie mit Gesichtern aus der einsamen Masse gemeint, die in den frühen 1960er Jahren von Ausbrüchen träumen und im Einschluss agieren.

gegen, dass die Frau sich anschickte, ihm jetzt auch auf seinen Leistungsgebieten zu folgen, offengelegt.

Die Entdeckung von damals ist die Wirklichkeit von heute geworden. Die Frauen sind nicht nur die Gewinnerinnen der Bildungsexpansion der Nachkriegszeit, was daran ersichtlich ist, dass seit 1999 mehr junge Frauen als junge Männer deutsche Universitäten besuchen. Sie erheben aufgrund ihrer gehobenen Bildungsabschlüsse zudem den Anspruch auf berufliche Positionen, die bisher den Männern vorbehalten waren. Dieses Rad ist nicht mehr zurückzudrehen.

Margarete Mitscherlich geht daher fast vier Jahrzehnte nach Karen Horney so weit, dass eine neu gewonnene Selbstsicherheit der Frau dazu dienen könnte, auch dem Mann zu helfen, damit er sich weniger krampfhaft an sexuelle Erfolge und berufliche Anerkennung klammern müsse. Je sicherer die neue Frau in sich selbst ruhe, umso größer werde ihr Verständnis für den Mann und seine Ängste sein. Denn auch für den Mann gelte es zu erkennen, dass er nicht selten aufgrund seiner Abwehr gegen Gefühle, Ängste und Abhängigkeitswünsche ein »falsches Selbst« aufgebaut habe.[5]

Der Zweite Weltkrieg ist für die Wirkungsgeschichte der Angst im 20. Jahrhundert eine wichtige Zäsur. Auf der einen Seite stehen die Generationen, die in ihrer Jugend noch den Krieg miterlebt haben und über die Angst, die mit der Notwendigkeit verbunden war, elementare Entscheidungen in Grenzsituationen zu treffen, lieber schweigen,

---

5 Mitscherlich, »Emanzipation und Sexualität der Frau«, S. 53.

weil das Reden doch nichts nützt.[6] Diese Generationen kommen ihren Enkeln und Urenkeln mit der Botschaft, dass das Schlimmste hinter uns liegt, geradezu angstfrei vor.[7] Selbst für die um 1940 geborenen Kriegskinder bedeutete die erste Nachkriegszeit den Ausbruch aus einer Atmosphäre der Feindschaft, des Mangels, der Isolation und der Angst, von der sich diese Generation 1968 schließlich in großer Geste befreite. Gleichwohl blieben trotz kultureller Revolte und sozialer Bewegung halbbewusste Wahrnehmungen einer frühen Kulisse von aufgerissenen Straßen, abgedeckten Häusern und brennenden Ruinen als versiegelte Erinnerungen einer Lebensbedrohung präsent,[8] die mit dem Altern dieser Generation einer populären Kriegskinderliteratur den Stoff geliefert hat.[9]

Auf der anderen Seite der Linie befinden sich die Generationen, die die Geschichte nur als eine Geschichte von mehr Sicherheit, mehr Komfort, mehr Rechten und mehr Möglichkeiten kennen. Für die steht der größte anzunehmende Unfall noch aus. Mit individueller Tüchtigkeit und Um-

---

6 Dazu für die Kohorte der Schülersoldaten des Zweiten Weltkriegs Bude, Deutsche Karrieren, oder Schörken, Luftwaffenhelfer und Drittes Reich.
7 In Deutschland ist der 1918 geborene Helmut Schmidt, der als amtierender Bundeskanzler seinerzeit Hanns Martin Schleyer nicht gegen die einsitzenden RAF-Mitglieder ausgetauscht und der den Nato-Doppelbeschluss gegen heftige Widerstände in der bundesdeutschen Gesellschaft durchgesetzt hat, der beispielgebende Virtuose der Weltkriegsangst.
8 Siehe für die Kriegskinder Bude, Das Altern einer Generation, S. 17–36.
9 Vgl. Schulz/Radebold/Reulecke, Söhne ohne Väter, oder Bode, Die vergessene Generation.

sicht ist gegen eine solche Gefahr nichts auszurichten. Das Schlimmste, was für alle passieren kann, liegt also nicht hinter, sondern vor einem. Harrisburg, Tschernobyl, Sellafield und zuletzt Fukushima haben eine Ahnung davon vermittelt, wie solche Unglücke in der Nähe von Hamburg, Berlin oder München aussehen könnten. Angst ergibt sich für diese Kohorten einer langen Nachkriegszeit allerdings zuerst und zumeist aus der Bezogenheit auf Unterstellungen, die wie Naturrechte als unhintergehbar angenommen werden. Es ist für sie undenkbar, dass Deutsche gegen Russen in die Krieg ziehen, dass die Renten gekürzt werden, dass Schwulen und Lesben Arbeitsplätze verweigert werden und dass der Rhein wieder zu einer Chemiekloake wird. Bei aller Ambivalenz des Forschritts, der man sich durchaus bewusst ist, sind die gesellschaftlichen Verhältnisse im Großen und Ganzen doch besser und nicht schlechter geworden. Ein Ende ist nur als ewige Wiederkehr oder zufällige Katastrophe denkbar. Der Erfahrungsgrund, der den Erwartungshorizont bestimmt, ist für diese Nachkriegsgenerationen nicht mehr der Krieg, sondern ein womöglich trügerischer Frieden, der ganz andere Quellen der Angst mit sich bringt.

Trotzdem sind immer Amalgamierungen von alten und neuen Ängsten möglich. Dass Europa sich im Gefolge einer fortlaufenden Erweiterungspolitik der EU innerlich stabilisieren könnte, ist nach der Staatsschuldenkrise in der Euro-Gruppe und nach den Interventionen Russlands in der Ukraine nicht mehr zu erwarten. Die Rhetorik gegenseitiger Beschuldigungen vermittelt vielmehr den Eindruck, als ob die Konstellationen des Zweiten Weltkriegs mit Vergeltungsängsten, Inferioritätskomplexen und Abhängigkeitsschicksalen wieder auf dem Tisch liegen würden.

Es treten tief sitzende affektive Schematismen zutage, die als Stereotype deshalb schlecht bezeichnet sind, weil sie auf sehr reale Erfahrungen von Völkermord, Krieg und Vertreibung zurückgehen. Es handelt sich um Stimmungskomplexe, die in angespannten gesellschaftlichen Situationen offenbar sofort aufgerufen werden können. Demagogen westlicher und östlicher Art können damit allerdings nur deshalb zündeln, weil diese Ängste über Generationen tradiert werden und einen latenten Erwartungshorizont bilden. Russifizierung und Amerikanisierung nach 1945 haben in Europa insgesamt Impulse der Abgrenzung und Phantasmen der Selbstbestimmung hinterlassen, die sich aus einem verdeckten Wunsch nach Rache aufgrund der Tatsache speisen, dass man sich nicht selbst hat befreien und beschützen können und deshalb an dem kollektiven Selbstbild einer freien und stolzen Nation schuldig geworden ist.

Ängste lassen sich schlecht separieren, weil die Erregungslinien Punktum in einer Richtung zusammenlaufen und sich alle spezifischen Gründe in einem diffusen Wollen des Hintersichbringens und Schlussmachens auflösen. Das erklärt, warum heute aus jungen Generationen in ganz Europa, die weder den Krieg und den Völkermord noch die Befreiung und Besatzung miterlebt haben, fanatische Racheengel auftreten, die vollkommen verschiedene Erlebnisse der Generationen derartig zusammenschieben,[10] dass eine ruhige Auseinanderlegung der Affektanlässe und Gefühlsursprünge in den jeweiligen gesellschaftlichen Öffentlichkeiten nicht mehr möglich erscheint.

---

10 Feinberg, »Die Ineinanderrückung (Telescoping) der Generationen.«

Für den öffentlichen Umgang mit Angst enthalten die einschlägigen Forschungen zur politischen Kultur im Prinzip zwei Empfehlungen. Die eine kann man dem viel zitierten Aufsatz von Franz L. Neumann über das Angstproblem in der Politik von 1954 entnehmen,[11] der darlegt, dass die aufgrund von fortgeschrittener Arbeitsteilung und erweiterter Vermarktlichung abstrakter gewordene Gesellschaft anfällig für regressive Massenbewegungen der Angst geworden ist. Anonyme Regelsysteme und unintendierte Effekte bestärken die Bereitschaft des Publikums, der falschen Konkretheit von Verschwörungstheorien zu folgen und Sündenböcken die Schuld dafür zu geben, dass alles schiefläuft. Neumann, der 1933 als Jude in Deutschland verhaftet worden war, aber noch im gleichen Jahr nach England emigrieren konnte, berief sich auf die Erfahrungen der letzten Jahrzehnte, die der Leserschaft, die er ansprach, die Angst vor den Massen eingeflößt hatte, die fähig waren, wie er sich vorsichtig, aber unmissverständlich ausdrückte, alle Scheußlichkeiten zu begehen. Der Cäsar der heutigen Gesellschaft, der die Massen hinter sich bringen könnte, würde einem politisch heimatlos gewordenen Anti-Kapitalismus Stimme und Richtung verleihen.

Neumann erkennt, dass jedes politische System auf der grundlegenden Angst, allein zu stehen, basiert und die politische Vergemeinschaftung in modernen, in Teilbereiche aufgegliederten Gesellschaften über Identifizierungen verläuft, die die vereinzelten Einzelnen zusammenbringt. Das kann im Prinzip in einer kooperativen Weise geschehen, bei der die vielen Gleichen sich zu einem Kollektiv gemeinsa-

---

11 Neumann, »Angst und Politik«.

mer Ideen und verbindender Interessen zusammenfinden. Aber die entscheidende affektive Identifizierung ist für ihn die von Massen mit Führern, die notwendigerweise mit Ich-Schwund und Ich-Schädigung einhergeht und die cäsaristischen Führer zu Willkür und Gewalt gegen Fremde und Feinde im Namen des Volkes ermächtigt.

Dagegen immunisiert seiner Ansicht nach nur die Einsicht in die nicht aus der Welt zu schaffenden Gründe für die Entstehung von Angst. Die aufgeklärte Bürgerschaft, die der Versuchung der Angstüberwindung durch Massenbildung widerstehen kann, hat den psychologisch grundlegenden Tatbestand der unaufhebbaren Entzweiung zwischen Ich und Welt, den sozial nicht mehr rückgängig zu machenden Tatbestand der Entfremdung in der Arbeit und den politisch nicht zu überwindenden Tatbestand des Wettbewerbs zwischen Gruppen hingenommen und akzeptiert. Die Identifizierungen, die für eine lebendige Demokratie gleichwohl notwendig sind, sollten sich auf Organisationen beziehen und Prinzipien beinhalten. Der Parlamentarismus wäre eine Organisationsform und der von Dolf Sternberger sehr viel später ins Spiel gebrachte und von Jürgen Habermas[12] protegierte »Verfassungspatriotismus«[13] wäre ein Prinzip für eine derartig vom unmittelbaren Druck der Angst befreite Form der politischen Identifikation. Der Wunsch nach einer politischen Ästhetik von Debatte, Verfassung und Amt ist hier unverkennbar. Neumann führt dafür den in sich widersprüchlichen Ausdruck einer affekt-

---

12 Etwa: Habermas, »Geschichtsbewußtsein und posttraditionale Identität«.
13 Sternberger, »Verfassungspatriotismus«.

losen Identifizierung[14] ein, der offenbar eine rational gezähmte und gedanklich vermittelte Art und Weise der Begeisterung bezeichnen soll. Dem läge dann eine Angst ohne Angst zugrunde, die man womöglich in bestimmten, der Erfahrung des ganzen Menschen gewidmeten Institutionen der Bildung einüben könnte.

Einen ganz anderen öffentlichen Umgang mit Angst hat der 1975 achtzigjährig in Moskau verstorbene russische Literaturwissenschaftler Michail Bachtin in der Lachkultur des Mittelalters entdeckt.[15] Bachtin ging es um das Brauchtum des Volkes, so wie es sich im Karneval, in den komischen Elementen des Mysterienspiels, im mehrdeutigen Tierepos, in bacchantischen Tischliedern und in den derben Schwänken zur Darstellung brachte. Man muss sich ein Drama des Körpers vorstellen, das von Begattung, Geburt, Wachstum und Gebrechen, Essen und Trinken und körperlichen Ausscheidungen handelte. Dabei stand nicht der individuelle Körper und der private Alltag im Vordergrund, sondern der große Körper der Gattung und des Volkes, für den Geburt und Tod nicht den absoluten Anfang und das absolute Ende bedeuteten, sondern bloß Momente innerhalb eines umfassenden Prozesses von Wiederkehr und Erneuerung. Dieser Prozess trägt kosmische Züge und verschmilzt mit der verschlingenden und gebärenden Mutter Erde.

Bachtin betont erstens den über alles Verbotene und Verpönte sich hinwegsetzenden Universalismus dieser Lachkultur, zweitens ihren wesentlichen Zusammenhang mit

---

14 Neumann, »Angst und Politik«, S. 433.
15 Bachtin, Literatur und Karneval.

der Freiheit, die sich in der feiertäglichen Befreiung des Lachens und des Körpers Raum schuf und in schroffem Kontrast zu den asketischen Regeln des Fastens und der Enthaltsamkeit stand, sowie drittens die Verbindung mit der nichtoffiziellen und nichtseriösen Wahrheit des Volkes. Macht, Gewalt und Autorität verbieten sich nicht nur das Lachen, sie können aus der Perspektive des Volkes vor lauter Ernst gar nicht lachen.

Der mittelalterliche Mensch empfand das Lachen als Sieg über die Angst. Und er empfand diesen Sieg nicht allein als Sieg über die in den Domen und Kirchen inszenierte mystische Angst (die »Gottesfurcht«) oder über die Angst vor der Katastrophe durch Naturkräfte, sondern vor allem als Sieg über die moralische Angst, die das Erleben der Menschen knechtet, bedrückt und dumpf macht. Alles Bedrohliche wird ins Komische gekehrt, das Entsetzliche wird ins Groteske getrieben, und in der Hölle des Karnevals verliert die Gewalt ihren Schrecken.

Das mittelalterliche Lachen hat nichts mit der Kunst des feinen Lächelns zu tun. Das ist keine Expression persönlicher Zurückhaltung, sondern die mitreißende Manifestation einer Lebensweise des Volkes. Die Karnevalsmasse nivelliert soziale Unterschiede, indem sich der einzelne Körper mit fremden Körpern jeden Alters und jeder sozialen Stellung berührt und Verbindungen ohne Scham und Schutz eingeht.

Bachtin, der auf Geheiß von Stalin dreißig Jahre seines Lebens in der Verbannung fern von den Zentren des russischen Geisteslebens verbringen musste, feiert im mittelalterlichen Lachen die dissidente Souveränität des Volkes. In dem Maße, wie das mittelalterliche Lachen die Angst vor dem verborgenen Geheimnis, vor der undurchdringlichen Welt und vor der unbehelligten Macht besiegte, enthüllte es die Wahrheit über Macht und Unterdrückung und über Herrschaft und Herrlichkeit. Es stellte sich der Lüge, der Beweihräucherung, der Schmeichelei und der Heuchelei entgegen. Das geschah im Vertrauen auf eine Wahrheit, die das Gefühl eines ewigen Lebens mit der Ahnung einer anderen Zukunft verband.

Während also der aus dem Umkreis der Kritischen Theorie stammende Franz L. Neumann auf eine Bildung gegen die Angst setzen muss, die einen aus Einsicht klug werden lässt, versucht der aus der Tradition des russischen Formalismus kommende Michail Bachtin eine spielerische und rebellische Volkstradition als Medizin gegen die Angst, die der einzelnen Person den Mut raubt, stark zu machen. Gemeinsam ist beiden das Bewusstsein einer gewissen anthropologischen Weite als Bedingung der Möglichkeit einer öffentlichen Kultur der Temperierung von Niedergangsängsten, Statuspanik und Abschottungsimpulsen. Die Angst gehört zur Wirklichkeit des Menschen, der in Gestalt des mittelalterlichen Menschen allerdings ganz anders verfasst war als in Gestalt der empfindlichen Seele von heute. Karneval wird nach wie vor gefeiert und gilt in den jeweiligen Hochburgen als außeralltäglicher Zustand, nur haben wir heute noch die Psychoanalyse, die Gestalttherapie oder den Erlebnistourismus als weitere Arenen der Angstbewältigung. Einsicht kann öffnen, Lachen befreien, aber in der Angst, dass alles den Bach runtergeht, steckt immer auch die Frage nach einem anderen Verständnis unserer Lage.

Zwei Jahre nach dem Erscheinen von David Riesmans

»The Lonely Crowd« ist ebenfalls in den USA die Buchfassung von Paul Tillichs Vorlesungen »The Courage To Be« erschienen.[16] Darin fragt der protestantische Theologe, der 1933 nach seiner Entlassung aus dem Staatsdienst an der Johann Wolfgang Goethe-Universität von Frankfurt am Main in die USA emigriert war, nach den möglichen Formen des Selbstseins unter der Bedingung einer Angst, die als Enge ohne Ausweg oder als Offenheit ohne Richtung erlebt wird.

Tillich teilt mit Riesman, den er allerdings nicht beim Namen nennt, die Diagnose, dass sich das Subjekt von heute in einer geschlossenen Welt der Kommunikation bewegt. Der Siegeszug von Liberalismus und Demokratie, die Entstehung einer technischen Zivilisation und die Ausbreitung einer historistischen Kultur haben eine Gesellschaft hervorgebracht, die nichts als Gesellschaft ist. Die Bezugnahme auf den Anderen hat die Bezugnahme auf eine kosmische Natur oder eine geheime Seele ersetzt. Die Anderen aber sind Himmel und Hölle zugleich: Sie können mich mit ihrer Zustimmung, Aufmunterung und Einfühlung aufrichten und stark machen, sie können mich aber auch mit ihrer Ablehnung, ihrer Missgunst und ihrer Distanzierung beunruhigen und vernichten. Der außengeleitete Charakter hat nichts anderes als die Anderen, die ihm Halt im Leben geben und einen Begriff seiner selbst vermitteln. Der Grund der Angst kommt aus dieser unhintergehbaren Bezogenheit auf eine Instanz, die so unsicher, instabil und unvorhersehbar ist, wie die Andere, die mir grundsätzlich verschlossen ist. Weil das, was für mich gilt, auch immer für

---

16 Tillich, Der Mut zum Sein.

den Anderen zutrifft, haben wir es, wie man im soziologischen Sprachgebrauch sagt, mit Bedingungen doppelter Kontingenz zu tun, die jede Kommunikation zu einem Ritt über dünnes Eis macht.

Die Angst, jederzeit einbrechen zu können und in ein Loch im Sein zu fallen, äußert sich Tillich zufolge in zwei existenziellen Fluchtbewegungen: Man kann sich vor den Anderen zurückziehen oder sich ihnen in die Arme werfen wollen. Im ersten Fall wäre Buddhismus, im zweiten Konformismus der Ausweg.[17] Die buddhistische Weltmystik sucht ein Jenseits von Enttäuschung und Nicht-Enttäuschung im reinen Hier und Jetzt, das auf nichts anderes hin zu relativieren ist. Die Einklang-Musik von John Cage, das Blau von Yves Klein, die reinen Zufallsbewegungen von Merce Cunnigham oder die Case Study Houses von Charles und Ray Eames sind Beispiele eines solchen Buddhismus der Angstauflösung durch den Sprung ins Nichts.

Das Aufgehen im Konformismus der »einsamen Masse« wäre der andere Ausweg. Der Radar-Mensch folgt den Moden, den Vergnügungen, den Erregungen und den Ressentiments der Anderen mit jener Indifferenz, die nötig ist, um bei der nächsten Welle wieder mit dabei sein zu können. Das äußere Mitmachen ohne innere Beteiligung ist hier die Methode, sich der Angst um sich selbst zu entledigen.

Sowohl das Sich-Entleeren wie das Sich-Füllen dienen Tillich zufolge nur der Betäubung der Angst vor dem Gewahrwerden, dass die Kommunikation zwar alles ist, aber

---

17 Ich folge hier Überlegungen des im deutschen Sprachraum wohl wichtigsten Schülers Tillichs Klaus Heinrich, Versuch über die Schwierigkeit nein zu sagen.

auf nichts sich gründet. »Der Sinn wird gerettet, aber das Selbst wird geopfert.«[18]

Für Tillich hilft das jedoch alles nichts. Zynische Verachtung, skeptische Arroganz oder asketische Reinigung können die Frage nicht zum Verschwinden bringen, wie man Teil von etwas sein kann, von dem man zugleich getrennt ist. Das Ich, das sich in seine eigenen vier Wände zurückzieht, um seine Ruhe zu haben, kann genauso vom Gefühl der Sinnlosigkeit und Leere befallen werden wie das Ich, das sich mit beliebigen anderen auf einem Platz versammelt, um einen öffentlichen Raum für sich zu proklamieren. Es besteht nämlich die Drohung, beides zu verlieren: in eins mit unserem individuellen Selbst die Partizipation an unserer gemeinsamen Welt. Kommunikation passiert zwar ohne unseren Willen und jenseits unserer Kontrolle, aber es braucht den Mut, sich darauf einzulassen, wenn man sich mit und durch und in diesem ungewissen und offenen kommunikativen Hin und Her selbst fühlen und finden will.

Ohne die Anderen kein Selbst, ohne Ambiguität keine Identität, ohne Verzweiflung keine Hoffnung, ohne Ende kein Anfang. Dazwischen ist die Angst.

Wer dem entgehen oder sich darüberstellen will, hat sich der Angst ergeben. Die vollendete Resignation eines Sokrates, der in jedem Können das Nichtkönnen, in jedem Wissen das Nichtwissen und in jedem Sein ein Nichts entdeckt und daher gleichmütig für seine Überzeugung in den Tod geht, scheint die Angst besiegt zu haben. Aber in seinem überlegenen Lächeln hat der Philosoph des »obszönen Fra-

---

18 Tillich, Der Mut zum Sein, S. 54.

gens«¹⁹ den Sinn für das Leben verloren, das sich dadurch, dass es sich immer wieder bloßstellt und für einen Moment die Orientierung verliert, selbst lebt. Die Angst entlarvt die Lebenslügen von Glück, Glanz und Ruhm, aber sie bewahrt für Tillich, zitternd und zögernd, zugleich die Hoffnung, dass nichts so bleiben muss, wie es ist.

---

19 Bodenheimer, Warum? Von der Obszönität des Fragens.

Bibliografie

»Die Generation Y ändert die Unternehmen«, Interview mit Thomas Sigi, in: *SPIEGEL ONLINE* vom 9. August 2012.
»Eine neue Weltwirtschaftskrise?«, Interview mit Richard Duncan, in: *Mittelweg 36*, Jg. 22, Heft 2, 2013, S. 58–59.
Adorno, Theodor W. u.a., »Die Freudsche Theorie und die Struktur der faschistischen Propaganda«, in: *Psyche*, Jg. 24, Heft 7, 1970, S. 486–509.
Adorno, Theodor W., Studien zum autoritären Charakter. Ausgewählte Kapitel aus: The Authoritarian Personality (1950), Frankfurt am Main 1973.
Allmendinger, Jutta, Frauen auf dem Sprung. Wie junge Frauen heute leben wollen. Die BRIGITTE-Studie, München 2009.
Appadurai, Arjun, Fear of Small Numbers. An Essay on the Geography of Anger, Durham and London 2006.
Appadurai, Arjun, Die Geographie des Zorns, Berlin 2009.
Arendt, Hannah, Vita activa oder Vom tätigen Leben, München 1981.
Bachtin, Michail, Literatur und Karneval. Zur Romantheorie und Lachkultur, Frankfurt am Main/Berlin/Wien 1985.
Bahl, Friederike, Lebensmodelle in der Dienstleistungsgesellschaft, Hamburg 2014.
Baumol, William J., »Macroeconomics of Unbalanced Growth: The Anatomy of Urban Crisis«, *American Economic Review* Jg. 57, Heft 167, S. 416–426.
Beck, Ulrich, Risikogesellschaft. Auf dem Weg in eine andere Moderne, Frankfurt am Main 1986.
Beise, Marc Die Ausplünderung der Mittelschicht. Alternativen zur aktuellen Politik, München 2009.
Berger, Peter L./Luckmann, Thomas, Die gesellschaftliche Konstruktion der Wirklichkeit. Eine Theorie der Wissenssoziologie, Frankfurt am Main 1969 (englisch zuerst 1966).
Berger, Ulrike/Offe, Claus, »Das Rationalisierungsdilemma der Angestelltenarbeit«, in: Claus Offe (Hg.), »Arbeitsgesellschaft«: Struk-

turprobleme und Zukunftsperspektiven, Frankfurt am Main/New York 1984.

Berlin, Isaiah, »Zwei Freiheitsbegriffe«, in: ders., Freiheit. Vier Versuche, Frankfurt am Main 1995 (englisch zuerst 1958), S. 197–256.

Bielefeld, Ulrich, Nation und Gesellschaft. Selbstthematisierungen in Deutschland und Frankreich, Hamburg 2003.

Ders., Inländische Ausländer. Zum gesellschaftlichen Bewusstsein türkischer Jugendlicher in der Bundesrepublik, Frankfurt am Main/ New York 1988.

Böckenförde, Ernst-Wolfgang, »Woran der Kapitalismus krankt. Er krankt an seiner Grundidee. Notwendig ist eine Umkehrung des Ausgangspunktes«, *Süddeutsche Zeitung* vom 13. April 2009, S. 8.

Bode, Sabine, Die vergessene Generation. Die Kriegskinder brechen ihr Schweigen, Stuttgart 2014.

Bodenheimer, Aron R., Warum? Von der Obszönität des Fragens, Stuttgart 1986.

Bolte, Karl Martin/Kappe, Dieter/Neidhardt, Friedhelm, Soziale Schichtung, Opladen 1966.

Bourdieu, Pierre, Die feinen Unterschiede. Zur Kritik der gesellschaftlichen Urteilskraft, Frankfurt am Main 1982.

Brumlik, Micha, »Charakter, Habitus und Emotion oder die Möglichkeit von Erziehung? Zu einer Leerstelle im Werk Pierre Bourdieus«, in: Barbara Friebertshäuser u.a. (Hg.), Reflexive Erziehungswissenschaft. Forschungsperspektiven im Anschluss an Pierre Bourdieu, Wiesbaden 2009, S. 141–154.

Buber, Martin, »Ich und Du« (1923), in: ders., Das dialogische Prinzip, Heidelberg 1973, S. 7–136.

Bude, Heinz, Bildungspanik. Was unsere Gesellschaft spaltet, München 2011.

Ders., Das Altern einer Generation. Die Jahrgänge 1938–1948, Frankfurt am Main 1997.

Ders., Deutsche Karrieren. Lebenskonstruktionen sozialer Aufsteiger aus der Falkhelfer-Generation, Frankfurt am Main 1987.

Ders., Die Ausgeschlossenen. Das Ende vom Traum einer gerechten Gesellschaft, München 2010.

Ders., »Die Zukunft der Religion«, in: ders., Die ironische Nation. Soziologie als Zeitdiagnose, Hamburg 1999, S. 123–138.

Ders., »Zum Problem der Selbstdetermination«, in: Hans-Georg Soeffner (Hg.), Sozialstruktur und soziale Typik, Frankfurt am Main/New York 1986, S. 84–111.

Cicourel, Aaron, »Basisregeln und normative Regeln im Aushandeln von Status und Rolle«, in: Arbeitsgruppe Bielefelder Soziologen (Hg.), Alltagswissen, Interaktion und gesellschaftliche Wirklichkeit, Reinbek 1973, S. 147–188.

Dahrendorf, Ralf, Der moderne soziale Konflikt. Essay zur Politik der Freiheit, Stuttgart 1992.

Ders., »Die globale Klasse und die neue Ungleichheit«, in: *Merkur*, Jg. 54, Heft 11, 2000, S. 1057–1068.

Ders., Homo Sociologicus. Ein Versuch zur Geschichte, Bedeutung und Kritik der Kategorie der sozialen Rolle, Opladen 1977 (zuerst 1958).

Damitz, Ralf, »Prekarität. Genealogie einer Problemdiagnose«, *Mittelweg 36*, Jg. 16, 2007, Heft 4, S. 67–86.

Deleuze, Gilles, »Kontrolle und Werden. Gespräch mit Toni Negri im Frühjahr 1990«, in: ders., Unterhandlungen 1972–1990, Frankfurt am Main 1993, S. 243–253.

Deleuze, Gilles/Guattari, Félix, Tausend Plateaus. Kapitalismus und Schizophrenie, Berlin 1992.

Diewald, Martin/Sill, Stephanie, »Mehr Risiken, mehr Chancen? Trends in der Arbeitsmarktmobilität seit der Mitte der 1980er Jahre«, in: Olaf Struck/Christoph Köhler (Hg.), Beschäftigungsstabilität im Wandel?, München und Mering 2004.

Dössel, Christine, »Die Ausgeschlossenen«, *Süddeutsche Zeitung* vom 7. März 2014, S. HF 2.

Dreitzel, Hans Peter, Elitebegriff und Sozialstruktur. Eine soziologische Begriffsanalyse, Stuttgart 1962.

Ders., Die Einsamkeit als soziologisches Problem, Zürich 1970.

Egbert, Maria/Bergmann, Jörg, »Angst – Von der Phänomenologie zur Interaktion«, ZiF: *Mitteilungen* 4/2004, S. 1–12.

Ehrenberg, Alain, Das erschöpfte Selbst, Frankfurt am Main 2008.

Ders., Das Unbehagen in der Gesellschaft, Berlin 2011.

Elias, Norbert/Scotson, John L., Etablierte und Außenseiter, Frankfurt am Main 1993 (englisch zuerst 1965).

Enzensberger, Hans Magnus, Schreckens Männer. Versuch über den radikalen Verlierer, Frankfurt am Main 2006.

Evers, Adalbert/Nowotny, Helga, Über den Umgang mit Unsicherheit, Frankfurt am Main 1987.
Ewald, François, Der Vorsorgestaat, Frankfurt am Main 1993.
Feinberg, Haydée, »Die Ineinanderrückung (Telescoping) der Generationen. Zur Genealogie gewisser Identifizierungen«, *Jahrbuch für Psychoanalyse*, Jg. 20, 1987, S. 114–142.
Fischer-Lichte, Erika, Ästhetik der Performanz, Frankfurt am Main 2004.
Foucault, Michel, Der Wille zum Wissen. Sexualität und Wahrheit 1, Frankfurt am Main 1977.
Frank, Robert H./Cook, Philip J., The Winner-Take-All-Society. Why the Few at the Top Get So Much More Than the Rest of Us, New York 1995.
Geiger, Theodor, Die soziale Schichtung des deutschen Volkes. Soziographischer Versuch auf statistischer Grundlage, Faksimile-Nachdruck der 1. Aufl. 1932, Stuttgart 1987.
Geiger, Theodor, »Panik im Mittelstand«, in: *Die Arbeit. Zeitschrift für Gewerkschaftspolitik und Wirtschaftskunde*, Jg. 7, Heft 10, 1930, S. 637–654.
Giddens, Anthony, Wandel der Intimität. Sexualität, Liebe und Erotik in modernen Gesellschaften, Frankfurt am Main 1993.
Goffman, Erving, Asyle. Über die soziale Situation von psychiatrischen Patienten und anderen Insassen, Frankfurt am Main 1973 (englisch zuerst 1961).
Grabka, Markus M./Frick, Joachim R., »Schrumpfende Mittelschicht. Anzeichen einer dauerhaften Polarisierung verfügbarer Einkommen?«, *DIW Wochenbericht* 75, 10, 2008, S. 101–108.
Groh-Samberg, Olaf/Hertel, Florian R., »Abstieg aus der Mitte? Zur langfristigen Mobilität von Armut und Wohlstand«, in: Nicole Burzan/Peter A. Berger (Hg.), Dynamiken (in) der gesellschaftlichen Mitte, Wiesbaden 2010, S. 138–157.
Gurr, Ted R., Why Men Rebel, Princeton, NJ 1970.
Habermas, Jürgen, »Geschichtsbewußtsein und posttraditionale Identität«, in: ders., Eine Art Schadensabwicklung, Frankfurt am Main 1987, S. 159–179.
Heinrich, Klaus, Versuch über die Schwierigkeit nein zu sagen, Frankfurt am Main 1982 (zuerst 1964).
Herbert, Ulrich, Best. Biographische Studien über Radikalismus, Weltanschauung und Vernunft. 1903–1989, Bonn 1996.

Herbert-Quandt-Stiftung (Hg.), Zwischen Erosion und Erneuerung. Die gesellschaftliche Mitte in Deutschland. Ein Lagebericht, Frankfurt am Main 2007.
Hermann, Ulrike, Hurra, wir dürfen zahlen. Der Selbstbetrug der Mittelschicht, Frankfurt am Main 2010.
Hobfall, Stevan E., »Conservation of resources. A critical review of evidence«, *American Psychologist*, Jg. 44, 1989, S. 513–524.
Horney, Karen, »Die Überbewertung der Liebe. Studie über eine für die heutige Zeit typische weibliche Persönlichkeit«, in: dies., Die Psychologie der Frau, Frankfurt am Main 1984, S. 111–141 (erstmals erschienen in: *Psychoanalytic Quarterly*, Jg. 3, 1934, S. 605–638).
Hradil, Stefan, Soziale Ungleichheit in Deutschland, Opladen 2001.
Ders./Schmidt, Holger, »Angst und Chancen. Zur Lage der gesellschaftlichen Mitte aus soziologischer Sicht«, in: Herbert-Quandt-Stiftung (Hg.), Zwischen Erosion und Erneuerung. Die gesellschaftliche Mitte in Deutschland. Ein Lagebericht, Frankfurt am Main 2007, S. 163–226.
Hübinger, Werner, Prekärer Wohlstand. Neue Befunde zu Armut und sozialer Ungleichheit, Heidelberg 1996.
Hurrelmann, Klaus, »Die Lebenssituation der jungen Generation«, in: GEW-Hauptvorstand (Hg.), Zukunft in die Schule holen, Bielefeld 2009, S. 14–24.
Ichheiser, Gustav, Kritik des Erfolges. Eine soziologische Untersuchung, Leipzig 1930.
Ingham, Geffrey, »On the Underdevelopment of the Sociology of Money«, in: *Acta Sociologica*, Jg. 41, 1998, Heft 1, S. 3–18.
Kahnemann, Daniel, Schnelles Denken, langsames Denken, München 2011.
Kalass, Victoria, Neue Gewerkschaftskonkurrenz im Bahnwesen. Konflikt um die Gewerkschaft Deutscher Lokomotivführer, Wiesbaden 2012.
Kaufmann, Franz Xaver, Sicherheit als soziologisches und sozialpolitisches Problem. Untersuchungen zu einer Wertidee hochdifferenzierter Gesellschaften, Stuttgart 1970.
Kierkegaard, Sœren, Der Begriff der Angst, Jena o.J. (Kopenhagen 1844).
Kirsch, Guy/Mackscheidt, Klaus, Staatsmann, Demagoge, Amtsinha-

ber. Eine psychologische Ergänzung der ökonomischen Theorie der Politik, Göttingen 1985.

Köcher, Renate, »Minenfeld Sozialpolitik«, *Frankfurter Allgemeine Zeitung* vom 22. 12. 2010, S. 5.

Konrad, Kai, »Affection, Speed Dating and Heart Breaking«, *WZB Discussion Paper* SP II 2013 – 309.

Kracauer, Siegfried, Die Angestellten. Aus dem neuesten Deutschland, Frankfurt am Main 1971 (zuerst 1929).

Kübler-Ross, Elisabeth, Interviews mit Sterbenden, München 2001.

Kunkel, Benjamin, Unentschlossen, Berlin 2006.

Ders./Gessen, Keith (Hg.), Ein Schritt weiter. Die n+1-Anthologie, Berlin 2008.

Laing, Ronald D./Phillipson, Herbert/Lee, A. Russell, Interpersonelle Wahrnehmung, Frankfurt am Main 1973.

Lasch, Christopher, Das Zeitalter des Narzissmus, München 1980.

Legnaro, Aldo, »Performanz«, in: Bröckling, Ulrich/Krasmann, Susanne/Lemke, Thomas (Hg.), »Glossar der Gegenwart«, Frankfurt am Main 2004, S. 204–209.

Lepsius, Oliver/Meyer-Kalkus, Reinhart (Hg.), Inszenierung als Beruf. Der Fall Guttenberg, Berlin 2011.

Linden, Michael, »Posttraumatic Embitterment Disorder«, *Psychotherapy and Psychosomatics*, Jg. 72, 2003, S. 195–202.

Luhmann, Niklas, Ökologische Kommunikation. Kann die moderne Gesellschaft sich auf ökologische Gefährdungen einstellen?, Wiesbaden 2008.

Mau, Steffen, Lebenschancen. Wohin driftet die Mittelschicht?, Berlin 2012.

Mayer-Ahuja, Nicole, »Die Vorgeschichte der ›Ich-AG‹. Prekäre Beschäftigung im Reinigungsgewerbe«, *WSI-Mitteilungen*, Jg. 10, 2003, S. 604–609.

McCormick, Anne O'Hare, »The two men at the big moment«, in: *New York Times*, 6. 11. 1932, SM 1f.

Merton, Robert K., »Contribution to the Theory of Reference Group Behavior« (with Alice S. Rossi) und »Continuities in the Theory Of Reference Groups And Social Structure«, in: ders., Social Theory and Social Structure, New York 1968, S. 279–334 und 335–440.

Mills, C. Wright, White Collar. The American Middle Class, Oxford 1956 (zuerst 1951).

Minsky, Hyman P., »Die Hypothese der finanziellen Instabilität: Kapitalistische Prozesse und das Verhalten der Wirtschaft« (1982), in: ders., Instabilität und Kapitalismus, Berlin 2011, S. 21–66.

Mitscherlich, Margarete, »Emanzipation und Sexualität der Frau«, in: dies., Müssen wir hassen? Über den Konflikt zwischen innerer und äußerer Realität, München 1976, S. 13–53 (zuerst 1972).

Morozow, Evgeny, »Warum man das Silicon Valley hassen darf«, *Frankfurter Allgemeine Sonntagszeitung* vom 10. 11. 2013, S. 49–50.

Münkler, Herfried, Mitte und Maß. Der Kampf um die richtige Ordnung, Berlin 2010.

Neckel, Sighart, Flucht nach vorn. Die Erfolgskultur der Marktgesellschaft, Frankfurt am Main 2008.

Neugebauer, Gero, Politische Milieus in Deutschland. Die Studie der Friedrich-Ebert-Stiftung, Bonn 2006.

Neumann, Franz L., »Angst und Politik« (1954), wiederabgedruckt in: ders., Wirtschaft, Staat, Demokratie. Aufsätze 1930–1954, hrsg. von Alfons Söllner, Frankfurt am Main 1978, S. 424–459.

Oesch, Daniel, Redrawing the Class Map. Stratification and Institutions in Britain, Germany, Sweden and Switzerland, Basingstoke 2006.

Packard, Vance, The Status Seekers. An Exploration of Class Behavior in America and the Hidden Barriors that Affect You, Your Community, Your Future, New York 1959.

Parment, Anders, Die Generation Y. Mitarbeiter der Zukunft motivieren, integrieren, führen, Wiesbaden 2013.

Parsons, Talcott, »Über wesentliche Ursachen und Formen der Aggressivität in der Sozialstruktur westlicher Industriegesellschaften« (1947), in: ders., Beiträge zur soziologischen Theorie, hrsg. von Dietrich Rüschemeyer, Neuwied 1964, S. 223–255.

Pehnt, Annette, Lexikon der Angst, München und Zürich 2013.

Peters, Birgit, Prominenz. Eine soziologische Analyse ihrer Entwicklung und Wirkung, Opladen 1996.

Peuckert, Rüdiger, Familienformen im sozialen Wandel, Stuttgart 2008.

Plickert, Philipp, »Jeder vierte Selbständige verdient kümmerlich«, *Frankfurter Allgemeine Zeitung* vom 6. Januar 2014, S. 17.

Popitz, Heinrich, Der Begriff der sozialen Rolle als Element der soziologischen Theorie, Tübingen 1962.

Ders., Phänomene der Macht, Tübingen 1992.

Postberg, Christian, Macht und Geld. Über die gesellschaftliche Bedeutung monetärer Verfassungen, Frankfurt am Main 2013.
Reich, Robert, Die neue Weltwirtschaft. Das Ende der nationalen Ökonomie, Frankfurt am Main 1997.
Reifner, Udo, Die Geldgesellschaft. Aus der Finanzkrise lernen, Wiesbaden 2010.
Richter, Horst-Eberhard, Eltern, Kind und Neurose, Reinbek 1972.
Riesman, David/Denney, Reuel/Glazer, Nathan, Die einsame Masse. Eine Untersuchung der Wandlungen des amerikanischen Charakters, Hamburg 1958 (amerikanisch zuerst 1950).
Roosevelt, Franklin D., »Inaugural Address, March 4, 1933«, in: Samuel Rosenman (Hg.), The Public Papers of Franklin D. Roosevelt, Band 2: The Year of Crisis, 1933, New York 1938, S. 11–16.
Runciman, Walter G., Relative Deprivation and Social Justice. A Study of Attitudes to Social Inequality in Twentieth Century Britain, London 1966.
Salter, James, Alles, was ist, Berlin 2013.
Scheler, Max, »Das Ressentiment im Aufbau der Moralen« (1912), in: ders., Vom Umsturz der Werte. Abhandlungen und Aufsätze, 4. Aufl. Bern 1955, S. 33–148.
Schöneck, Nadine M./Mau, Steffen/Schupp, Jürgen, »Gefühlte Unsicherheit. Deprivationsängste und Abstiegssorgen der Bevölkerung in Deutschland«, *SOEPPaper* Nr. 428, DIW Berlin 2011.
Schörken, Rolf, Luftwaffenhelfer und Drittes Reich. Die Entstehung eines politischen Bewußtseins, Stuttgart 1984.
Schultz-Hencke, Harald, Der gehemmte Mensch. Entwurf eines Lehrbuches der Neo-Psychoanalyse, Stuttgart 1989 (zuerst 1940).
Schulz, Hermann/Radebold, Hartmut/Reulecke, Jürgen, Söhne ohne Väter. Erfahrungen der Kriegsgeneration, Berlin 2004.
Schulz, Walter, »Das Problem der Angst in der neueren Philosophie«, in: Hoimar von Ditfurth (Hg.), Aspekte der Angst, München 1977, S. 13–37.
Sennett, Richard, Autorität, Frankfurt am Main 1990.
Ders., Der flexible Mensch. Die Kultur des neuen Kapitalismus, Berlin 1998.
Ders., Verfall und Ende des öffentlichen Lebens. Die Tyrannei der Intimität, Frankfurt am Main 1983.
Staab, Philipp, Macht und Herrschaft in der Servicewelt, Hamburg 2014.

Stack Sullivan, Harry, The Interpersonal Theory of Psychiatry, New York 1953.

Stäheli, Urs, »Entnetzt euch! Praktiken und Ästhetiken der Anschlusslosigkeit«, in: *Mittelweg 36*, Jg. 22, 2013, Heft 4, S. 3–28.

Sternberger, Dolf, »Verfassungspatriotismus«, in: ders., Schriften, Bd. X: Verfassungspatriotismus, Frankfurt am Main 1990, S. 3–16 (zuerst in *Frankfurter Allgemeine Zeitung* vom 23. Mai 1979, S. 1).

Summer, Elisabeth, Macht die Gesellschaft depressiv? Alain Ehrenbergs Theorie des »erschöpften Selbst« im Licht sozialwissenschaftlicher und therapeutischer Befunde, Bielefeld 2008.

The 2012 Harris Poll Annual RQ Public Summary Report: A Survey of the U.S. General Public Using the Reputation Quotient, online abrufbar unter : www.harrisinteractive.com/Vault/2012_Harris_Poll_RQ_Summary_Report.pdf [6. 5. 2014].

Tillich, Paul, Der Mut zum Sein, Stuttgart 1968.

Tugendhat, Ernst, Egozentrizität und Mystik. Eine anthropologische Studie, München 2003.

Vogl, Joseph, Über das Zaudern, Zürich 2007.

Watzlawick, Paul/Beavin, Janet H./Jackson, Don D., Menschliche Kommunikation. Formen, Störungen, Paradoxien, Bern 1969.

Weber, Max, »Ethnische Gemeinschaftsbeziehungen«, in: ders., Wirtschaft und Gesellschaft, Tübingen 1972 (zuerst 1921), Kapitel 4, S. 234–244.

Wildt, Michael, Generation des Unbedingten. Das Führungskorps des Reichssicherheitshauptamtes, Hamburg 2002.

Wilson, Dominik/Dragusanu, Racula, »The Expanding Middle: The Exploding Word Middle Class and Falling Global Inequality«, *Goldman Sachs Global Economic Paper* No. 170, 2008.

Wurmser, Léon, Die Maske der Scham. Die Psychoanalyse von Schamaffekten und Schamkonflikten, Berlin 1993.

Zacher, Albert, »Die Krankengeschichte und das ›ungelebte Leben‹«, *Zeitschrift für klinische Psychologie, Psychopathologie und Psychotherapie*, Jg. 33, 1985, S. 51–57.

Zuboff, Shoshana, »In the Age of the Smart Machine. The Future of Work and Power«, New York 1988.

Dies., »Wir stehen vor dem Abgrund, Mr. President«, *Frankfurter Allgemeine Zeitung* vom 17. Januar 2014, S. 31.

Danksagung

Danken möchte ich Birgit Otte, die die Idee zum Buch hatte, Sabine Lammers, die den Text mit ruhiger Hand lektoriert hat und Jan Philipp Reemtsma, der mich zum richtigen Zeitpunkt angestoßen hat.
   Ich danke meiner Frau Karin Wieland, die mich wie immer vor fixen Ideen bewahrt hat und meiner Tochter Pola, mit der ich die wichtigen Gedanken auf gemeinsamen Fahrten mit der Straßenbahn erörtert habe.

Heinz Bude, Juni 2014